CONSommateurs, révoltons-nous !

DES MÊMES AUTEURS

Jean-Pierre COFFE

Aux éditions Le Signe
Gourmandise au singulier, 1979

Aux éditions Le Pré aux Clercs
Le Bon Vivre, 1989 (Presses-Pocket, 1991)
Le Vrai Vivre, 1989 (Presses-Pocket, 1991)
Au secours le goût, 1992 (Presses-Pocket, 1993)

Aux éditions Plon
Comme à la maison, tome 1, 1993 (J'ai lu, 1998)
Comme à la maison, tome 2, 1994 (J'ai lu, 1999)
Le Marché, 1996 (J'ai lu, 1998)
De la vache folle en général et de notre survie en particulier, 1997
Le Potager plaisir, 1998
Fleurs bonheur, 1999
Le Verger gourmand, 2000
Le Guide Coffe des pépinières, plantes et arbustes, 2000
A table en famille avec 15 euros par jour, 2002
Mes vins préférés à moins de 10 €, Editions 2003, 2004
(en collaboration avec Thomas Bravo-Maza)
Mon marché gourmand, 2003

Aux éditions Balland
A vos paniers, 1993
Coffe, 1995
Au bonheur des fruits, 1996

Jean-Paul FRÉTILLET

Aux éditions Syros
Le Gatt démystifié, avec Catherine Véglio, 1994

Jean-Pierre COFFE
et
Jean-Paul FRÉTILLET

CONSommateurs, révoltons-nous !

PLON

www.jeanpierrecoffe.com

© Plon, 2004
ISBN : 2-259-18783-8

Avant-propos

Qu'est-ce qu'un consommateur ?

Faisant fi des définitions « nouvelles », trop souvent au service d'intentions non dénuées d'arrière-pensées mercantiles, j'ai préféré ouvrir le dictionnaire à la lettre « C » et j'ai lu : « *Une personne qui utilise des marchandises, des richesses, des services, pour la satisfaction de ses besoins* » (Le Robert).

J'ai dû me rendre à l'évidence : je ne correspondais pas à cette définition et je n'étais pas le seul, à en juger par le courrier, volumineux, traditionnel ou électronique, que Jean-Paul Frétillet et moi-même recevons dans le cadre de mon émission *Ça se bouffe pas, ça se mange,* diffusée sur France Inter.

Nous utilisons, certes, des marchandises – de plus en plus nombreuses et variées –, des richesses – de moins en moins, faute de moyens suffisants pour les acquérir. Quant aux services, ils sont devenus rares, coûteux quand ils existent, inefficaces la plupart du temps. Comment dans ces conditions éprouver quelque satisfaction à contenter nos besoins ?

Nous sommes passés du stade du consommateur à celui du CONsommateur. La transformation s'est opérée progressivement, sans heurt ni violence. La preuve ? Nous ne nous sommes rendu compte de rien.

En tant que consommateurs, nous nous sentions en confiance, assurés du civisme de chacun, forts du respect mutuel. Nous n'imaginions pas que les paysans nous trahiraient, voire attenteraient – indirectement – à notre sécurité, en s'inféodant aux marchands d'aliments, de farines, d'antibiotiques ; que les producteurs, confrontés à la concurrence internationale, se laisseraient séduire par les manipulations les plus hasardeuses, tant sur les animaux que sur les plantes ; que chercheurs et scientifiques mettraient leurs connaissances au service d'un productivisme frénétique ; que la Commission européenne, désarmée, céderait devant les multinationales ; que distributeurs et « marketeurs » déploieraient autant de trésors d'imagination pour se jouer de nous ; que les politiques, souvent autistes, participeraient de ce grand carnaval visant essentiellement à faire du fric à tout prix !

Nous-mêmes, consommateurs, reconnaissons-le, avons agi avec quelque désinvolture à l'égard des petits commerçants quand la grande distribution, vorace, a entrepris de nous séduire avec la seule ambition de faire main basse sur les profits. Nous avons tourné le dos à la crémière qui utilisait ses invendus de lait cru du jour pour fabriquer des œufs au lait... au boucher qui nous expliquait la différence entre l'araignée et la bavette... au poissonnier qui savait si bien lever à la main les filets d'un beau merlan encore frétillant... La liste est longue de ceux que nous avons ô combien négligés.

Pour quel résultat ? Nous métamorphoser en CONSommateurs.

Aux yeux des margoulins et arnaqueurs de tout poil, nous apparaissons aujourd'hui comme des individus naïfs, crédules, éventuellement ronchons puisque français. Ronchons sans plus. Nous avons ceci de particulier que nous nous contentons de bougonner quand nous sommes dupes d'un fournisseur, allant jusqu'à rire de nous-mêmes : « Zut, je me suis encore fait avoir ! », quand nous ne commentons pas, presque admiratifs : « Ils sont forts quand même ! », ILS désignant une entité assez vague regroupant les pouvoirs publics, l'État, les décideurs, les publicitaires, les médias sous leurs formes les plus diverses.

ILS triomphent, difficiles à cerner, sans visage, hors de portée, face AUX CONSommateurs, fatalistes, désemparés, désarmés, lâches pour tout dire, qui se laissent berner par les prix plus bas que bas, les « promos », les « réducs », le chantage commercial, le racolage « marketing ».

CONSommateurs, vous vous faites avoir ! ILS vous grugent, vous baisent. Attention, vous risquez d'y prendre goût si vous ne trouvez pas au fond de vous le désir de vous rebeller.

Pas facile de vous révolter, vous êtes individualistes par tempérament et ILS subventionnent les associations de CONSommateurs. Essayez au moins de comprendre comment ILS s'y prennent pour vous, pour nous abuser. Certaines pratiques sont significatives.

Fruits et légumes

Un ami, plongé dans le coma à la suite d'un accident, se réveille enfin. Combien de temps s'est-il « absenté » ? Quelques semaines ? Quelques mois ? Il l'ignore. Sur la table de chevet, une corbeille généreusement garnie de fruits attire son attention. Ses proches ont-ils voulu, à la manière des Anciens qui déposaient dans les tombes des défunts des objets familiers pour les accompagner dans leur voyage, le ramener à la vie, lui, l'épicurien, en sollicitant ses sens ?

Il avise une tomate.

— Serions-nous en été ?

Il la prend entre ses mains, la regarde, la caresse ; elle est lisse, froide ; il approche le pédoncule de son nez, ne sent rien ; il croque dans le fruit, la peau est ferme, résistante, la chair farineuse, insipide, sans jus ; il recrache. Tenté par le velouté de la peau, il saisit une pêche ; surpris par sa consistance – on dirait du marbre –, il la laisse échapper ; elle roule sur le sol, sans s'abîmer. Méfiant, il prélève une fraise, anormalement grosse.

— Serions-nous au printemps ?

Sa collerette épaisse, grossièrement dentelée, cartonneuse comme une plante grasse flétrie, déborde comme pour cacher l'incongruité de son volume ; il ose

à peine porter le fruit à sa bouche, tente de le masti-
quer... le recrache.

Interloqué, il inventorie des poires, des prunes, une
grappe de raisin, une poignée de cerises, un petit ananas, une main de bananes, un melon, des figues, des
framboises... Enfin, une clémentine attire son regard,
brillante, séduisante, deux petites feuilles lustrées,
cirées, accrochées à la queue. Une invitation. Visible-
ment rassuré, en pays de connaissance, il retire délicatement la peau, fine, détache un quartier, le porte à sa
bouche, ferme les yeux. Un jus acidulé et sucré inonde
sa bouche, son visage s'illumine. Quel plaisir !

— Noël ! Ce fruit me rappelle Noël. Nous sommes
en hiver !

CONSommateurs, cette expérience, vous pouvez la
tenter tous les jours à côté de chez vous, sur les
marchés, chez les fruitiers, dans les rayons des grandes
surfaces, elle n'a rien d'imaginaire. Depuis longtemps,
en matière de fruits et légumes, la fiction a dépassé la
réalité. Hiver comme été, printemps comme automne,
les marchands proposent le même catalogue : tomates,
fraises, asperges, pommes, poires, prunes, mâche, raisins, petits pois, oignons fanes, poireaux... Ils font tous
le tapin du 1er janvier au 31 décembre.

Épargnez vos questions aux professionnels, leur
réponse est prête : c'est votre faute, c'est vous qui voulez manger les mêmes fruits d'un bout de l'an à l'autre.
Autre riposte des « marketeurs », apôtres de la nouvelle
religion : « *La saison n'est plus un produit porteur* », c'est
un vieux concept. Seuls les nostalgiques entrent en
transe aux premières fraises, aux premières asperges,
osent-ILS prétendre, allant jusqu'à ricaner que les premières cerises ou les premiers abricots puissent provo-
quer tant de jouissance. Les malheureux ignorent ce
qu'est le plaisir !

Fruits et légumes

Est-ce vous, CONSommateurs, qui avez exigé des tomates à la consistance du carton en décembre, des fraises à la chair de navet dès les premiers jours de février, et en mars des pêches aussi fermes qu'une boule d'escalier ? ILS l'affirment, peut-être n'ont-ILS pas tout à fait tort, ILS savent ce que vous êtes par ailleurs capables d'acheter et d'ingurgiter comme saloperies. Producteurs ou CONSommateurs ? Pas simple de savoir qui porte le chapeau. Les deux peut-être.

Louis XIV déjà avait la prétention de domestiquer la nature, de la dompter. Il était tellement friand de fraises qu'il exigeait leur présence sur sa table en permanence. Pour satisfaire les exigences du monarque, Jean de La Quintinie, jardinier en chef du potager royal, n'hésitait pas, en hiver, à les cultiver dans des serres chauffées. L'histoire ne dit pas si elles étaient aussi bonnes qu'au printemps, ne précise pas davantage le coût du caprice royal.

Les Bretons se seraient-ils inspirés de l'expérience versaillaise pour cultiver de **la fraise** sous serre et la servir à Noël ou à la mi-mars en primeur ? Depuis trois campagnes, ils se sont installés sur la presqu'île de Plougastel, dans les environs de Brest.

Plougastel – tout le monde le sait – fut la capitale de la fraise, dans les années 1950. Cette petite commune du Finistère, bénéficiant de l'air marin et d'un terroir parfaitement adapté, fournissait un quart de la production nationale, et sa fraise avait acquis une jolie notoriété. En 1960, l'activité, jusque-là florissante, périclita. L'urbanisation galopante, la fascination des paysans pour les nouvelles productions légumières, les balbutiements de la culture sous serre, les difficultés à recruter des saisonniers pour le ramassage, le poids des charges sociales... autant d'éléments qui eurent raison de la fraise de Plougastel. En 1990, elle avait disparu.

Dix ans plus tard, un groupement de producteurs bretons du nom de Savéol – on lui doit une partie de la production française de tomates – entreprit de ressusciter la fraise de Plougastel de manière inattendue.

Les serres obsolètes, il fallait soit les démolir – c'était coûteux –, soit les destiner à un nouvel usage. Pourquoi pas la fraise ? Imaginez un tunnel de 200 mètres de long, sur 100 mètres de large, installé presque à flanc de rocher, l'océan Atlantique à un cri de mouette. À l'intérieur, suspendues à 1,50 mètre du sol, des jardinières en enfilade.

Planté dans de la simple tourbe, le fraisier a des allures de saule pleureur. Ses tiges pendent dans le vide et ses fruits, comme des boules de Noël accrochées à un sapin, l'illuminent de leur éclat orangé. Il suffit de tendre la main pour les cueillir. Spectacle surréaliste quand on songe qu'en pleine terre le fraisier fait corps avec le sol ou, aujourd'hui, le plastique. Sous le feuillage, la fraise joue à cache-cache avec le ramasseur, le dos courbé, en appui sur les genoux. La nouvelle fraise de Plougastel n'a qu'une lointaine ressemblance avec ses ancêtres ; élevée dans un cocon douillet, protégée des caprices climatiques, elle flotte dans une atmosphère contrôlée, tenue à distance de la terre et de son lot de parasites.

Ces fraises de serre, à la silhouette irréprochable, soigneusement alignées dans des petites barquettes cartonnées, semblent avoir été formatées dans un moule. Trop belles pour être honnêtes ! Elles n'ont de Plougastel que le nom, on pourrait les cultiver sous serre place de la Concorde ou au cœur du Marais poitevin, cela ne changerait rien à leur goût, ou pas grand-chose. Le terroir a disparu. Silence, vous, LES CONSommateurs ! Vous n'êtes pas censés savoir. Emballeurs et publicitaires cultivent l'illusion à grand renfort de dessins exhibant un couple de paysans bretons en costume traditionnel, planté au milieu d'un immense champ de

Fruits et légumes

fraises, la mer en arrière-plan. Inévitables, surtout pour LES CONSommateurs « bo-bo », ces fraises de Plougastel arrivent sur les étals fin mars, avec un bon mois d'avance sur leurs parentes de plein champ. Les grosses fraises espagnoles occupent le terrain depuis janvier – 80 000 tonnes ont déjà été écoulées –, et les dernières trouvent encore preneurs. Reconnaissez que c'est là une énigme, surtout si vous êtes gourmands. Avez-vous réellement du plaisir à regarder, puis à croquer une fraise espagnole ? Cette grosse sotte de Camarossa – le nom de la variété – n'est pas programmée pour régaler vos papilles, les Américains l'ont conçue pour résister aux aléas du transport, aux écarts de température, aux manipulations souvent peu délicates des clients, voire des vendeurs, lorsqu'elle est vendue en vrac. Les parents de cette Camarossa globetrotter sont californiens, c'est dire s'il fallait parer la demoiselle de vertus lui permettant de parcourir les quelque 4 000 kilomètres qui séparent San Francisco de New York sans qu'elle présente la moindre égratignure à l'arrivée. Vous l'avez compris, le plaisir qu'elle procure est inversement proportionnel à ses performances kilométriques.

Les Espagnols s'en sont fait les spécialistes. Dans la région de Huelva, au sud de la péninsule, les fraises poussent sur des océans de plastique, nourries aux engrais, saturées de pesticides : 1,2 kilo de fruits par pied, 80 000 pieds à l'hectare, 60 à 90 tonnes de rendement. Qui dit mieux ? La Camarossa est énorme et inodore. Paradoxal, quand on sait que « fraise » vient du latin *fragum*, autrement dit fragrance, odeur, parfum ! Elle résiste sous la dent, sa saveur est inexistante. Pour séduire, elle se contente de son prix : en mars 2002, la fraise espagnole se prostituait pour 3 ou 4 euros le kilo.

La fraise de serre ne pratique pas les mêmes tarifs : 15 à 25 euros le kilo. Smicards, passez votre chemin ! À ce tarif prohibitif, parfum, tendreté de la chair, saveur sont heureusement au rendez-vous, et les clients en ont pour leur argent.

Les premières années, les « nouvelles » fraises de Plougastel se sont vendues comme des petits pains. Les producteurs se frottaient les mains. Dès l'automne, ils remettaient le couvert et servaient jusqu'à la Saint-Sylvestre. C'était compter sans les Belges et les Néerlandais, tapis en embuscade, prêts à profiter eux aussi de l'aubaine de la fraise de Noël. Sur la table du réveillon, avec la cerise du Chili, la prune d'Afrique du Sud, le melon de Guadeloupe, la pêche d'Australie, le raisin de Nouvelle-Zélande... la fraise de Plougastel, de Maastricht ou de Liège, apportait une touche d'exotisme, pas plus nécessaire que suffisante. Les moins fortunés attendaient l'arrivée des marocaines ou des espagnoles. Les plus sages, les vrais amateurs, patientaient encore un peu... jusqu'au printemps.

Car pas question d'oublier la fraise qui prend le temps de mûrir, celle qui pousse en plein champ, qui se frotte à la terre, mieux, à la paille, qui subit la pluie, le vent, le froid du petit matin, celle qui rougit au premier soleil d'avril, qui arrive enfin sur nos marchés au cœur de mai. Si elle a été cultivée avec soin, cueillie à maturité, stockée et transportée dans d'excellentes conditions, cette fraise offre tout le plaisir que vous êtes en droit d'attendre.

Seulement voilà, en mai, c'est trop tard, CONSommateurs, vous jouez les blasés, d'autres fruits envahissent les étals. Cette fraise a beau faire la belle, changer de couleur, de nom, de taille, de parfum, vous lorgnez du côté de la pêche marocaine, de la nectarine espagnole. Vous entendez débusquer les premiers abricots, croquer des prunes, vous gaver de melons, de figues... Pourquoi pas de raisins, de poires ? Vous vous laissez tenter par tout ce que vous voyez ; c'est déjà l'été, voire l'automne, dans vos paniers. Après quoi courez-vous ?

Quand les aléas climatiques malmènent la fraise de

saison – comme le vin, les fruits connaissent de bonnes et de mauvaises années –, elle va directement à la poubelle, pas même chez le confiturier qui préfère acheter ses fruits en Hongrie ou en Pologne, de surcroît surgelés. Et vous de conclure, sans réfléchir : « *Un comble, maintenant les fraises sont meilleures à Noël !* »

Les fraisiculteurs ont fait et refait leurs comptes... C'est décidé... Eux aussi vont bousculer les saisons, se convertir à la serre, proposer de la jolie fraise bien sous tous rapports à longueur d'année. Une étude récente du CTIFL, Centre technique interprofessionnel des fruits et légumes[1], conclut que 34 % DES CONSommateurs interrogés souhaitent manger des fraises toute l'année. La fraise de serres est, assurément, promise à un bel avenir. On le chuchotait dans le Landerneau, on l'affirme maintenant : la fraise de plein champ demeurera l'apanage de quelques jardiniers amateurs.

Ça ne vous rappelle rien ?... La tomate peut-être...

Qui se souvient que **la tomate** mûrit traditionnellement de juillet à septembre ? Celui qui a la bonne idée de la cultiver dans son potager. Car vous ne vous étonnez plus depuis longtemps d'en acheter en janvier, mars ou novembre, cela vous paraît normal.

La tomate illustre la perversité de la « désaisonnalisation » – expression barbare qui dit néanmoins bien ce qu'elle veut dire –, son histoire récente, édifiante, explique son affligeante médiocrité actuelle. Quelles que soient sa provenance et la saison – même en été –, elle est ferme, farineuse, incolore, inodore.

Jusque dans les années 1980, la tomate était cultivée essentiellement en plein champ, récoltée de juillet à octobre, de préférence dans les régions ensoleillées du

---

1. *Achats, perception et attente des consommateurs*, CTIFL, 2002.

grand sud de la France. Tout allait pour le mieux dans le meilleur des mondes. Enfin presque...

Jusqu'à ce que les producteurs découvrent l'intensification des cultures. Le productivisme, l'obligation de multiplier les cageots de tomates à l'hectare, les engrais, les pesticides, l'irrigation, les nouvelles variétés hyperproductives... autant de recettes miracles qui firent florès dans les campagnes. Par ailleurs, les hypermarchés réclamaient des fruits solides, susceptibles de bien se comporter en rayon, de résister aux gestes indélicats des clients. Aux ordres des apôtres de la distribution moderne, les chercheurs mirent au point, avec l'aide très inattendue de la nature, la tomate *long life*.

En effet, lors de travaux de sélection variétale pour tenter d'obtenir la tomate rêvée par la grande distribution, un gène apparut, ultérieurement baptisé *rin* (*ripening inhibitor*) – en français « empêcheur de mûrir en rond ». De cette mutation, dite naturelle, résulta la création de la tomate longue conservation. Gardons-nous bien de formuler des remerciements. La *long life*, phénomène génétique capable de résister trois semaines sans pourrir, allait envahir le marché.

On peut chercher... trouver... sans nécessairement penser à tout, notamment que la tomate, fruit du soleil, a horreur du froid. Une étude, émanant elle aussi du CTIFL, a montré qu'en dessous de 10 °C, la structure, la texture et le goût de la tomate sont irréversiblement altérés. La transporter ou la stocker au froid est une hérésie. Une tomate, de la meilleure variété, cueillie à Perpignan par 30 °C à l'ombre, transportée dans un camion réfrigéré à 7 °C, déchargée sur la plate-forme d'une grande surface de la région parisienne en plein cagnard, stockée dans une chambre frigorifique à 5 °C, mise en rayon à température ambiante, avant d'être entreposée dans le bac à légumes d'un réfrigérateur, ne sera plus que l'ombre d'elle-même, arrivée sur la table : un concentré farineux incapable d'exciter les papilles les moins exigeantes.

Quand, des années plus tard, les marchands de fruits et légumes ont décidé de vendre de la tomate en plein hiver, alors que les thermomètres affichaient 0 °C sur les places des marchés, les mêmes causes ont eu les mêmes effets. Cultiver de la tomate, la vendre à contre-saison, allait se révéler un non-sens absolu ; les producteurs foncèrent néanmoins tête baissée dans le mur.

L'ouverture des frontières de l'Europe aux pays du Sud nous entraîna dans un engrenage insensé. Les tomates marocaines, tunisiennes, espagnoles surtout, arrivaient sur nos marchés avec quelques semaines d'avance, aux premiers jours du printemps ; évidemment, la saison est plus précoce chez eux que chez nous. Et vous, CONSommateurs, qu'avez-vous fait ? Vous les avez achetées. Pourquoi pas ? La marocaine ou la tunisienne, après quatre jours de bateau, valait la médiocre *long life* que les producteurs français vous proposaient.

ILS se sont vus contraints de réagir, refusant d'abandonner ce marché naissant aux seuls concurrents du Sud. Les pays producteurs s'engagèrent alors dans la course à la précocité, négligeant que la nature a des raisons que le « marketing » ignore. En France, tout le monde savait que la tomate de pleine terre ne mûrit qu'en été, mais les producteurs persévérèrent, décidés à faire pousser des tomates en mars. La technique du forçage sous tunnel plastique leur permit de gagner quelques jours, pas davantage. Très insuffisant de leur point de vue.

Eurêka ! La solution ne vint pas de Grèce, mais des Pays-Bas. Les Néerlandais avaient fait reculer la mer, pourquoi ne cultiveraient-ils pas des tomates sans soleil, sans terroir, mais selon une technique révolutionnaire, la culture hors sol, sous serre ? L'« usine à tomates » était née, l'Europe entière allait plébisciter ces grandes serres chauffées entre 18 °C et 22 °C. La belle saison toute l'année ! Il suffit de jeter un œil sur la carte actuelle des implantations pour se convaincre que le Nord est devenu la nouvelle terre d'accueil des fruits du soleil. Les « usines à tomates » sont installées en Hollande, Belgique, Angleterre, Allemagne, Bretagne, autant de régions bien connues pour la qualité et la durée de leur ensoleillement. Ne riez pas, CONSommateurs, dans ces serres, plus de terre ! Les pieds de tomates sont plantés dans un substrat hydroponique – mélange de tourbe, laine de verre, fibres cellulosiques ou de noix de coco, si vous préférez –, capable de retenir l'eau chargée d'engrais, distribuée à la plante à sa demande. Une révolution, qui allait à l'encontre de tous les grands principes agronomiques connus et enseignés jusqu'alors.

Les producteurs voient dans cette technique de multiples avantages : plus besoin de faire tourner les cultures – l'assolement – pour limiter la fatigue des sols : la tomate succède à la tomate. Indéfiniment. De février à novembre, ILS récoltent sans interruption, sur un hectare de serres, de 400 à 500 tonnes de tomates. Alors que, en trois mois, leurs collègues, obstinés à produire en plein champ, ramassent au mieux 30 à 40 tonnes. ILS – toujours les producteurs – parlent de « culture idéale », considérant que la plante n'ayant plus besoin de terre, ses racines ne sont plus exposées aux maladies du sol. ILS prétendent également utiliser moins de pesticides, la nourriture nécessaire étant calculée au plus juste des besoins de la plante, les engrais mélangés à de l'eau et acheminés jusqu'au pied de la tomate par un circuit d'irrigation au goutte-à-goutte. Un ordinateur central corrige la ration du jour en fonction de la consommation de la veille et de l'intensité du rayonnement solaire ; c'est toujours lui qui conditionne l'activité photosynthétique, les chercheurs n'ont pas encore trouvé mieux, ni moins cher. Une pratique est

Fruits et légumes

née, la « fertilisation raisonnée », *dixit* le jargon de la phytotechnie.

Il restait toutefois quelques insectes, ennemis de la tomate, à détruire : pucerons, mouches blanches, mouches mineuses. Pas de problème, les producteurs avaient pensé à tout, jusqu'à l'arme biologique. Son principe est simple : dès l'apparition d'insectes suspects, ILS lâchent dans la serre de minuscules guêpes [1] qui s'amusent à pondre leurs œufs dans le ventre des adversaires. Probablement douloureux, mais efficace. En quelques heures, les indésirables sont terrassés. ILS ont gagné, économisé des traitements. Votre tomate, CONSommateurs, ne sera pas meilleure pour autant, mais vous ne vous empoisonnerez plus avec des pesticides !

Peut-être avez-vous remarqué que, dans la nature, les formes et couleurs des fruits et légumes ne sont pas toutes identiques, mais qu'en revanche à l'étal des marchands, fruits et légumes, dans chaque variété, ont la même taille et la même couleur. Sachez que pour être admis dans un rayon, un fruit ou un légume doit satisfaire aux règles que les acheteurs de la grande distribution ont édictées. Biscornu, abîmé, trop gros, trop taché, trop petit, trop long, il est irrémédiablement recalé, éliminé, « benné » – passé à la benne –, comme ILS disent. La tomate de serres, heureuse dans sa grande maison de verre, nourrie, protégée, dorlotée, la peau tendue, lisse, brillante, sans ride ni égratignure, sans tache ni empreinte de prédateur, véritable « tomate top model », passe haut la main les épreuves de sélection et parade sur les étals.

La tomate de plein champ, elle, n'espère plus, sur les marchés, jouer la belle de juillet à septembre. Fréquenter le terroir, planter ses racines dans le sol, aller cher-

---

1. *Aphelinus, Encarsia* et *Diglyphus* sont élevées sur des cultures de tabac dans des serres.

cher soi-même sa nourriture, affronter les orages, se battre contre les pucerons et les mouches, se faire doucher par des pesticides, ça vous marque une silhouette.

Cette tomate que nous aimons, qui ose affronter les épreuves, ne peut même pas se rattraper en nous procurant du plaisir gourmand. Les producteurs, en succombant aux sirènes du productivisme, ont abandonné son seul argument. La *long life*, indifférente au terroir, quand bien même elle est cultivée en plein champ, demeure tout aussi insipide. La « tomate top model » s'impose alors naturellement dans le panier de la ménagère : 550 000 tonnes produites annuellement en France ! Ses cousines de plein champ ont disparu des statistiques.

Sur un hectare de serres, un producteur récolte, lors d'une campagne de neuf à dix mois – 2002 par exemple –, 400 tonnes de tomates ; une fois emballées, leur prix de revient est d'environ 91 cents le kilo, leur prix de vente à la grande distribution 1 euro ; marge du producteur : 36 000 euros.

Sur un hectare de plein champ, on ne peut espérer récolter que 30 tonnes de juillet à septembre ; pour les cultiver, les cueillir, les conditionner, il en coûte 55 cents le kilo. Combien le producteur peut-il en tirer sur le marché ? Une misère. Au cœur de la saison, entre les importations d'Italie, d'Espagne, des Pays-Bas, de Belgique et la production nationale, Bretagne et Pays de Loire compris, qui bat son plein, les étals croulent sous les tomates de serre. À supposer que ces tomates de plein champ soient présentables, qu'elles n'aient subi aucun aléa climatique, la grande distribution les paiera au prix du marché, soit 60 cents le kilo, pas un de plus. La marge du producteur sera de 1 500 euros. On comprend qu'il préfère cultiver son jardin. Les derniers irréductibles vont jeter l'éponge, les plus jeunes investir lourdement dans les « usines à tomates ».

Ne vous faites aucune illusion en ce qui concerne la

Fruits et légumes

« tomate top model », elle n'a que sa plastique à offrir. La saison et le terroir n'ont plus d'incidence sur elle, hiver comme été, du nord au sud, elle est identique à elle-même, physiquement et gustativement.

Ne vous étonnez pas après cela que la tomate, française, hollandaise, espagnole, italienne ou marocaine, n'ait plus de nationalité. Le terroir a cédé sa place à des marques commerciales : Savéol, Rougeline, Marmandise, Starline, Tikangou, Cœur de Nature, Océane, Atlantic... Les arguments commerciaux et « marketing » ont éclipsé les promesses de plaisir, on ne vous vend plus un légume-fruit mais une assurance santé, « *une tomate cultivée en production biologique et intégrée*[1] », sous-entendu sans pesticide ; vous n'achetez pas une tomate mais un concentré de qualités nutritionnelles et diététiques. « *Avec 15 kcal (63 kj) pour 100 g, la tomate est très peu calorique. Riche en eau (93 à 95 %), elle ne contient que de faibles quantités de glucides (3 %), protéines (1 %) et lipides (traces). Par ailleurs, la tomate est riche en vitamine C (de 10 à 30 mg par 100 g) et en provitamine A, appelée aussi carotène (0,6 mg par 100 g). Elle apporte également des vitamines des groupes B et E. Elle est fortement reminéralisante grâce à sa teneur en minéraux et oligo-éléments, notamment potassium (226 mg/100 g), magnésium (11 mg/100 g), zinc, phosphore (24 mg/ 100 g), et fer, qui participent à l'équilibre de notre organisme.* »

— Combien de kilos, docteur ? pourrions-nous ironiser si la situation était plus drôle que tragique.

Car ILS s'y sont tous mis, jusqu'à l'INRA, Institut national de la recherche agronomique, qui s'est mobilisé. Depuis douze ans, à Montfavet, dans le Vaucluse, des généticiens ont entrepris d'améliorer le goût de la *long life*. Vaste chantier. Il a d'abord fallu confectionner la carte d'identité aromatique de la tomate. Pas facile. Quatre cents composés volatils interviennent, des molé-

---

1. Charte de qualité de la section « Tomate de France ».

cules aromatiques qui agissent entre elles sous l'influence à la fois de l'ensoleillement et de l'alimentation de la plante, déterminant la teneur en sucre et en acidité du fruit. Les génies généticiens ont dû s'entendre sur ce que serait le goût de cette tomate ; deux années furent nécessaires pour départager les avis des dégustateurs spécialement formés. Formés par qui ? Et comment ? Existerait-il une école de la tomate sous serre ? Nous possédons peu d'informations sur le sujet. Cette étape franchie, les variétés correspondant le mieux au goût sélectionné furent accouplées avec la fameuse *long life* ; à grands coups de biologie moléculaire et... quelques tours de passe-passe sur l'ADN. L'avenir de leurs concitoyens, éventuellement le leur – qui sait ? –, ILS ne veulent pas connaître. Patience, CONSommateurs, ce n'est pas demain que le goût de la tomate longue conservation va s'améliorer.

La variété miracle n'existe pas, aussi la tomate doit-elle batailler ferme pour conserver sa première place au hit-parade des fruits et légumes[1]. Rien n'est jamais acquis, car les chiffres expliquent beaucoup de choses, sauf les comportements. Vous êtes versatiles, vous vous lassez vite, vous avez pris l'habitude de zapper plus vite que votre ombre. Pour vous amadouer, vous attirer dans leurs filets, les producteurs doivent sans cesse innover, cibler, fragmenter, packager... potasser *Le Marketing en quatre-vingt-dix leçons.*

Certains ont dû apprendre le manuel par cœur. Pour preuve, le coup de la tomate branchée. Sacrement gonflé ! Un beau matin, CONSommateurs, vous avez vu arriver, presque en catimini, dans vos supermarchés ou chez vos petits commerçants, des tomates accrochées à des branches vertes. Vous vous êtes réjouis, rassurés ; toutes ces histoires de culture hors sol que vous impo-

---

1. Avec 15 kilos par an et par habitant, la tomate est le légume le plus consommé en France.

Fruits et légumes

saient la radio, la télévision, la presse écrite, vous incitaient à croire que la tomate ne poussait plus sur une branche. Vous étiez d'autant plus enthousiastes que ces tomates dites « tomates branches » exhalaient un fort parfum, avec des notes de « fraîchement cueilli ». « *Ça sent enfin la tomate !* » vous êtes-vous extasiés, naïfs. Les producteurs avaient fait fort, exhumant un souvenir profondément enfoui – « *Ça rappelle le potager de grand-père.* » La tomate branchée a connu un triomphe.

Devant pareille réussite, ILS – encore les producteurs – n'allaient pas s'arrêter en si bon chemin, persuadés qu'ILS pouvaient – pourquoi se seraient-ILS gênés ? – tout vous faire gober : la tomate côtelée, pour vous rappeler les tomates de votre enfance [1] ; la tomate cerise, friandise acidulée pour le goûter des enfants ou l'apéritif... Faute de pouvoir jouer sur la couleur – la tomate noire existe déjà, la jaune et la verte également –, les scientifiques sont sûrement en train de mettre au point des formes révolutionnaires. À quand la tomate carrée ? La tomate citrouille pour Halloween ! La tomate sapin de Noël ? La tomate œuf de Pâques ?

Pour les fruits et légumes, y compris la tomate, dernier argument commercial à la mode : la traçabilité. Grâce au numéro inscrit sur le colis ou l'emballage, vous pouvez remonter jusqu'au producteur. Si par chance vous le rencontrez, demandez-lui pourquoi ses tomates n'ont aucun goût et ne nous procurent plus le moindre plaisir.

Chers CONSommateurs, l'imagination, la perversité, l'audace, la rouerie qu'ILS – producteurs, chercheurs, distributeurs, « marketeurs » et publicitaires – déploient pour nous convaincre que leur tomate est bonne, saine, naturelle, goûteuse, n'ont pas de limite.

---

1. Extrait de l'argumentaire promotionnel de l'un des plus gros producteurs français de tomates sous serres.

CONSommateurs, révoltons-nous !

ILS nous considèrent comme des moutons et nous ne réagissons pas. Est-ce bien digne ?

Du côté de Marmande, dans le Lot-et-Garonne, l'un des berceaux de la production de tomates, une poignée d'agriculteurs s'acharnent encore à cultiver la belle de plein champ. Sur un marché, au cœur du mois d'août, peut-être aurez-vous la chance de découvrir une variété ancienne que le maraîcher aura conservée et choyée ; pour peu que la météorologie ait joué les bonnes cartes, vous mordrez dans un fruit charnu, gorgé de soleil, qui vous procurera beaucoup de plaisir.

En matière de « désaisonnalisation » et de « marketing », les producteurs dépassent les bornes avec **la pomme**.

Tous les deux ans se déroule au Parc des expositions de Paris-Nord Villepinte le SIAL, Salon international de l'alimentation, qui réunit tout ce que la planète compte de petits et grands industriels de l'agro-alimentaire. On y présente les dernières nouveautés, décrypte les tendances, ausculte le comportement, la langue universelle de ce salon étant le « marketing ». Vous, CONSommateurs, n'êtes pas invités, les professionnels de l'alimentation préfèrent que vous ne sachiez pas à l'avance ce qu'ILS entendent vous faire ingurgiter. C'est dans ce cénacle, où terroir et tradition n'ont pas leur place, sinon comme argument « marketing », que la coopérative fruitière Pomanjou – celle-là même qui planta en 1955 le premier verger industriel de Golden et qui, quelques années plus tard, lança la Granny Smith et la Royal Gala – choisit de promouvoir sa « création 2001 ».

La carte d'invitation valait la peine d'être détaillée, la mise en scène de ce lancement « marketing » n'avait rien à envier aux superproductions hollywoodiennes. Quelques semaines plus tôt, les rédactions avaient été

Fruits et légumes

inondées de communiqués énigmatiques annonçant la naissance prochaine de Honey Crunch[1]. Flaflas et flon-flons accueillirent la cohorte des journaleux venus assister à son arrivée dans le monde médiatico-publicitaire. Qu'est-ce que ça pouvait bien être ? Une spécialité à base de miel, bien sûr, croquante évidemment, mais encore ? Pour muscler les abdominaux ? Paraître dix ans de moins ? Les tambours roulèrent, les cuivres éclatèrent, les violons enchaînèrent, le rideau s'ouvrit... Honey Crunch apparut. Mesdames et messieurs, une pomme !

Fruit des amours forcées entre Honey Gold – fille de Golden et Haralson – et Macount – fille de Macintosh et Jersey Black –, Honey Crunch a, comme son patronyme le laisse deviner, un passeport américain ; elle a été inventée aux États-Unis, avec une mission clairement définie : conquérir le monde. Ses concepteurs ont imaginé un énorme fruit, sucré et doux comme... le miel, susceptible de séduire le plus grand nombre de papys et mamies sur la planète. Il y avait déjà Coca-Cola, McDonald's, Pizza Hut, il y a maintenant Honey Crunch.

Que les autres pommes – y compris LES CONSommateurs – se le tiennent pour dit, l'avenir est à la Honey Crunch.

Pomanjou a cru flairer la bonne affaire. Comme un distributeur de films achète la dernière production américaine, la coopérative angevine s'est empressée d'acquérir les droits exclusifs de la variété pour inonder, avec les actions « marketing » qui vont de pair, les pays de l'Union européenne. Après la Golden, l'Idared, la Red Chief, l'Oregon, la Pink Lady, la Braeburn, la Fuji, c'est au tour de la Honey Crunch !

Depuis quelques années, on parle anglo-saxon sur les étals, le français a été bouté hors des petits commerces

---

1. Littéralement : miel croquant.

CONSommateurs, révoltons-nous !

et des grandes surfaces. Pomologues français du XIXᵉ siècle, ne vous agitez pas dans vos tombes ! On a compté[1], c'est vrai, jusqu'à 3 000 variétés de pommes sur notre sol. Mais qui se souvient encore des Court-pendu, Calville, Pomme d'api, Museau de lièvre de Gajan, Coujas de Nabos, Belle de mai, Azeroli anisé, Choureau, Transparente de Croncels, Petite Merveille d'Alas... ? Deux cents pages ne suffiraient pas à les décrire, car il y eut sur chaque parcelle de terroir une variété de pomme différente. Imaginez le kaléidoscope de parfums, la mosaïque de saveurs. Trente ans ont suffi pour dilapider ce patrimoine. Pourquoi avoir sacrifié l'exception pomologique française, belge également ? Par souci de modernité !

Que reprochait-on à nos variétés traditionnelles ? Une biologie capricieuse. Elles ont la fâcheuse habitude d'alterner, ne produisant des fruits qu'une année sur deux. N'allez pas imaginer que les pommiers sont paresseux, non, ils s'accordent une année sabbatique pour recharger leurs batteries, produire de meilleurs fruits. Mais ce rythme bonhomme s'accorde mal avec les exigences du marché de masse, d'autant que ces pommes désuètes accumulent les handicaps : saisonnières, peu productives, trop hétérogènes, fragiles de surcroît. En un mot, incapables de répondre aux impératifs de la distribution moderne qui veut un fruit standard calibré, robuste et sans défaut. Son goût est accessoire, les producteurs réclament avant toute chose du rendement. Les pommiers doivent crouler sous les pommes.

Dans les années 1950, la Golden débarqua de Virginie, où elle était née en 1880 dans les vergers de M. Anderson et H. Mullins. Voilà une étrangère qui ne manquait pas d'arguments : aucun problème d'alter-

---

1. André Leroy, pépiniériste angevin, proposait 571 variétés de pommiers dans son catalogue en 1873.

Fruits et légumes

nance, elle était tous les ans fidèle au rendez-vous ; robuste, tape-à-l'œil, elle se fondait dans le paysage, promettait du rendement. Bonne fille en quelque sorte. Tout pour plaire à la grande distribution.

Youpi ! La Golden était née, jouez hautbois, résonnez musettes, du nord au sud de la France. Variétés locales, hors la loi ! Les vergers subirent la révolution industrielle, les vaches ne ruminèrent plus sous les pommiers. Adieu le folklore, bonjour la rationalisation !

Sur un hectare, alignés, taillés en palissade, 2 000 arbres au garde-à-vous. L'intendance suivit : triple ration d'ammonitrate et de potasse à tous les repas, de l'eau à volonté. À ce régime, pas moins de 60 tonnes de fruits à l'hectare !... Ça dégringole comme d'autres rigolent. Cadences infernales. La Golden bombait le torse, mais ses ennemis l'attendaient en embuscade en lisière du champ du déshonneur : la tordeuse de la pelure, particulièrement malfaisante et vicieuse, lança les premières attaques ; suivirent par vagues successives la carpocapse, le puceron cendré et, pour finir le travail, la redoutable araignée rouge ; en arrière-garde, deux champignons particulièrement maléfiques, la tavelure et l'oïdium. Malheureusement, la bataille n'eut pas lieu... faute de combattants. Les producteurs armés de pulvérisateurs guettaient, les pesticides s'abattirent, telle une pluie assassine, sur les pommiers.

En 1998, les fonctionnaires du ministère de l'Agriculture[1] se sont amusés – n'avaient-ils donc rien d'autre à faire ? – à compter les traitements infligés aux vergers. Le bilan de l'enquête est effarant : vingt-sept attaques de pesticides en moyenne par saison ; jusqu'à trente-six quand le verger dépasse 50 hectares. « *Si l'on traite plus souvent, c'est pour être plus efficaces, on utilise des doses homéopathiques, bien ciblées* », ont osé rétorquer les professionnels. Malgré leurs dénégations, ILS ont dû chan-

---

1. *Agreste primeur*, n° 44, septembre 1998.

ger leur système de défense et, comme les fraisiculteurs et producteurs de tomates, ont découvert à leur tour les vertus de la lutte biologique raisonnée.

En attendant, le premier objectif était atteint : les cageots de Golden s'empilaient dans les vergers, la production s'emballait, pour dépasser rapidement la consommation saisonnière. La surproduction se profilait, la profession s'interrogea... évoquant, avant de la mettre en place, la « désaisonnalisation ». Il suffisait d'y penser. Aussitôt dit, aussitôt fait. Émerveillés par cette idée lumineuse, les coopérateurs investirent dans des chambres froides. Après la récolte, les pommes non commercialisées étaient installées plusieurs mois au frais, dans une atmosphère saturée en gaz carbonique. Adieu fruitiers et compotiers ! La pomme récoltée en septembre se retrouvait sur les étals l'année suivante, en juillet.

Ne vous plaignez pas, CONSommateurs, n'était-ce pas ce que vous vouliez ? Des pommes dix mois sur douze ? Adieu la bonne vieille Calville, le cher Courtpendu, la tendre Belle de mai ! Comment ? Vous n'aimez pas la Golden ? Vous la trouvez farineuse, insuffisamment sucrée ? C'est une éponge gorgée d'eau ? Et vous ne vous en êtes pas rendu compte plus tôt ? Réfléchissez : quelle variété de pommes anciennes aurait pu vous apporter du bonheur après avoir joué les *Hibernatus* dans les frigos des coopératives ?

Pauvre Golden ! Plus à plaindre qu'à blâmer, accablée qu'elle était de reproches. De quoi lui donner envie de retrouver sa Virginie natale. Les producteurs avaient totalement négligé que la Golden, comme tous les fruits, n'exprime son potentiel que plantée sur un terroir adéquat. Installée n'importe où, bourrée d'engrais, de pesticides et d'eau, elle n'a aucune chance de jouer dans la cour des fruits-plaisir. En Limousin ou dans les Alpes-de-Haute-Provence, élevée dans les règles de l'art, elle révèle en revanche sa nature parfumée, juteuse, sucrée. Mais ça, CONSommateurs, aussi paradoxal que cela puisse paraître, vous ne l'avez pas su. Rien d'étonnant, la grande distribution n'a jamais voulu de ces Golden prétentieuses aux rayons fruits et légumes ; les Golden avaient un prix, le plus bas possible, peu importait leur provenance, Limousin, Roussillon, Berry ou Anjou : elles étaient logées à la même enseigne : origine France, prix bas, pas une queue ne devait dépasser. Si, par bonheur, vous tombiez sur une Limousine ou une Savoyarde, vous vous étonniez en croquant dedans : « *Bizarre, elle n'a pas le goût d'une Golden... elle est bonne.* » À ces jeux de hasard, les perdants étaient plus nombreux que les gagnants. Vous avez fini par vous lasser de cette Golden fadasse.

D'année en année, les parts de marché de la Golden ont reculé au profit d'une autre variété, la Granny Smith[1]. Elle aussi était une émigrée, une Australienne, arrivée en France en 1952. Plutôt séduisante au premier abord, la peau mouchetée de vert, une saveur sucrée acide qui avait de quoi séduire les papilles les plus difficiles. Elle aurait pu gagner sur tous les tableaux, mais cette Granny Smith avait deux exigences : un terroir adapté et au moins cent quatre-vingts jours d'ensoleillement. Ces deux conditions réunies, elle s'épanouit doucement, mûrit à son rythme, régale ses adeptes. Comment imaginer qu'un producteur engagé dans la course éperdue de la compétitivité ait accepté des revendications aussi extravagantes que terroir et soleil ?

Comme la Golden, la Granny Smith fut dévoyée, plantée en dépit du bon sens sur l'ensemble du territoire, cultivée de manière intensive et surtout récoltée avant maturité, puis stockée plusieurs mois dans des chambres froides. Elle eut vite fait d'acquérir une réputation de pomme acide comme du vinaigre, dure comme du béton. La Granny Smith rejoignit la Golden

---

1. De Maria Ann Smith, dite Granny Smith, « Mémé Smith ».

dans le concert des récriminations des amateurs de pommes. Elle avait perdu la partie.

Sachez, pauvres CONSommateurs, que les producteurs se moquaient éperdument de votre avis. Vous pouviez toujours vous plaindre, ILS fanfaronnaient, trop heureux de contribuer à l'excédent de la balance commerciale. En effet, la France exportait plus de la moitié de sa production de pommes. Son plus gros client : l'Angleterre[1]. Les Britanniques adoraient la Golden et la Granny Smith françaises. Auraient-ils le palais moins subtil que le nôtre ? Peut-être n'avaient-ils pas trouvé moins cher ailleurs...

Nos arboriculteurs « cocoricotaient », prétendaient leur position inexpugnable. Jusqu'à ce que les pays de l'hémisphère Sud – Chili, Argentine, Afrique du Sud, Nouvelle-Zélande – plantent eux aussi des vergers de Granny Smith et de Golden, impatients de fondre sur la Vieille Europe. Les clients de la France, même fidèles, applaudirent des deux mains l'arrivée de ces jeunes compétiteurs. Plombée par le poids de sa fiscalité sociale, la France avait perdu d'avance. Pommes chiliennes ou argentines, après avoir parcouru 12 000 kilomètres, n'avaient aucune peine à concurrencer nos médiocres Golden.

La grande distribution s'est réjouie de ces fruits de contre-saison. Belle occasion d'offrir à ses clients un étal de pommes homogènes du 1er janvier au 31 décembre ! Dans l'hémisphère Sud, la récolte commençait alors que nos Golden avaient déjà passé six mois dans les chambres froides. Les pommes chiliennes et argentines se pavanaient sur les étals dès les premiers jours du printemps, elles y restaient jusqu'à l'arrivée des françaises... en septembre. Pendant quelques semaines, les différentes origines cohabitaient, et vous vous interro-

---

1. En 1999, les Anglais ont boycotté nos pommes pour protester contre le maintien de l'embargo sur le bœuf.

Fruits et légumes

giez, CONSommateurs, sur ce curieux voisinage, d'autant que les importées s'affichaient au même prix que les autochtones.

La profession, faussement solidaire, feignit de s'offusquer, en réalité elle était déjà sur le chemin de Canossa. Quand la grande distribution exige, les producteurs obtempèrent. C'est une pomme calibrée, standard, à un prix unique douze mois sur douze que voulaient les hypermarchés. Les grands coopérateurs fruitiers français apposèrent leur signature au bas des contrats, n'hésitant pas pour les honorer à s'approvisionner dans l'hémisphère Sud quand leurs propres chambres froides étaient vides, ou plus simplement quand les pommes étaient moins chères là-bas. La rigueur morale s'éclipse quelquefois derrière la spéculation.

La pomme est devenue un fruit mondialisé, sans saison ni terroir fixe, cultivée à l'identique de part et d'autre des tropiques, sans goût ni personnalité. Seul le prix permet aux pommes d'une même variété de se distinguer. Sur les marchés agricoles internationaux, les Anglo-Saxons appellent ce système une « *commodity* [1] ». À quand la cotation de la Golden ou de la Granny Smith à la Bourse de Chicago ?

Comment redonner un peu de vie aux variétés de nos terroirs ? Personne n'y songe réellement. L'enjeu est mondial. Quel avenir pour la Calville ou la Transparente de Croncels sur le marché asiatique ?

L'échec pour nos pommes françaises est définitif. Pour qu'une variété de pomme ait une chance de sortir du lot, il faudrait qu'elle réponde aux normes gustatives et esthétiques internationales, qu'elle s'adapte à tous les terroirs et surtout voyage sans crainte des heurts. Pas facile de plaire à la fois aux « bo-bo » parisiens de la rue Montorgueil, à la ménagère de moins de cinquante

---

1. Terme anglais désignant les marchandises de base : blé, soja, maïs, coton, café...

ans de Philadelphie, au retraité londonien et au nouveau riche de Shanghai ! La Honey Crunch a ce talent « marketing », la Pink Lady aussi. Ces « pommes mode » ne feront pas illusion longtemps, un jour elles seront elles aussi contraintes de céder devant de nouvelles créatures « marketing ». Nous souhaiterions seulement qu'elles ne phagocytent pas toute la place, que d'autres pommes, des vraies, puissent trouver une petite « niche ».

Le danger du couple infernal mondialisation-marketing vient de ce qu'il sécrète le totalitarisme alimentaire, qui lui-même étouffe et tue la diversité des terroirs et notre liberté de choix. Ne vous contentez pas de l'illusion du choix parce que la pomme changera de couleur – tantôt rouge-verte, tantôt jaune-rose, quelquefois bicolore – ou de forme. Pour vous tromper, ILS modifieront l'emballage ; les pommes « marketing » sont sans promesse et vous, anesthésiés, les papilles chloroformées, vous ne vous révoltez même pas.

CONSommateurs, vous refusez la pomme unique et obligatoire ? Alors retrouvez les variétés perdues, cultivez vos propres pommiers[1] ou entrez en résistance.

Autre victime du machiavélisme des grands groupes alimentaires internationaux : **l'ananas.**

Del Monte, une multinationale américaine spécialisée dans le commerce mondial des fruits tropicaux, a décidé d'envahir le monde avec le MD2, un ananas révolutionnaire. De mauvaises langues colportent que le MD2 est génétiquement modifié ; en réalité, il s'agit d'un simple hybride[2] qui traînait dans les tiroirs des instituts de recherche depuis les années 1950. Cet ana-

---

1. A l'image de M. Jean Lefèvre, président de l'Association des croqueurs de pommes de l'Aube, qui se bat pour la sauvegarde des vieilles variétés.
2. Résultat du croisement entre des variétés différentes.

Fruits et légumes

nas est donc destiné à remplacer le traditionnel Cayenne lisse africain bien connu des amateurs.

Cultivé essentiellement en Côte d'Ivoire, cette variété, originaire de Guyane française, a régalé des générations de papilles. Quand il est mûr à point, le Cayenne lisse est un concentré de bonheur, parfumé, tendre, juteux, très opulent en saveur, long en bouche. Depuis quelques années, malheureusement, cette description idyllique n'est plus qu'un souvenir : le Cayenne, souvent récolté avant maturité, arrive dur, acide, immangeable.

Pourquoi ne pas attendre que la nature ait accompli sa besogne pour cueillir l'ananas ? Parce qu'un fruit mûr est fragile et nécessite, pour le transporter, le manipuler, le stocker, respect et déférence. Deux mots qui n'appartiennent pas au vocabulaire de la distribution moderne. Elle veut un fruit qui tient la distance en rayon, rien d'autre ! C'est là sa seule exigence. La maturité, pour quoi faire ? Ça rapporte davantage ? Non. Alors...

En Afrique de l'Ouest, la culture de l'ananas s'appuie sur une économie paysanne ; les agriculteurs ivoiriens, propriétaires de quelques hectares, quatre ou cinq au mieux, vendent leur récolte à des exportateurs. Très vite, le coût du transport est devenu supérieur à la rémunération du paysan, réduite à cause de la pression sur les prix exercée par la grande distribution. La logique économique s'inverse alors très vite : ce n'est plus la maturité du fruit qui décide de la date de la récolte, mais le jour du départ du bateau. Mûr ou pas, l'ananas est cueilli, expédié. Quand bien même quelques gros producteurs, deux jours avant la récolte, aspergent les ananas avec de l'éthrel – substance à base d'éthylène – pour leur donner meilleure mine, le cœur du fruit n'évolue pas. La nature ne s'en laisse pas conter : cueilli vert, l'ananas reste vert. La grande distribution peut se frotter les mains et, après trois semaines de traversée, exhiber les ananas sans risque de pourriture.

La multinationale Del Monte, ayant décidé de s'investir, sans état d'âme, dans le commerce de l'ananas, a trouvé au MD2 bien des vertus « marketing ». Le fruit est certes aguichant, voire tape-à-l'œil ; sa chair dorée, peu parfumée mais juteuse, sucrée, sans la moindre acidité, glisse dans la bouche. Sitôt avalé, sitôt oublié. L'ananas consensuel par excellence. Le MD2 n'est pas dépourvu d'atouts pour séduire cette nouvelle génération de CONSommateurs friands de boissons gazeuses douceâtres, très concentrées en sucre, appelées *soft drinks*.

La force « marketing » et l'important dispositif industriel mis en place par Del Monte suscitent l'admiration. Cette multinationale maîtrise à la fois la production et le transport. Propriétaire de plantations en Amérique centrale, où l'ananas est cultivé selon des techniques agricoles modernes et cueilli par une main-d'œuvre sous-payée, elle peut livrer à la grande distribution un ananas répondant aux critères exigés, à des prix défiant toute concurrence. LES CONSommateurs n'y prêtent pas attention, au contraire, ils se laissent séduire par cet « ananas porte-jarretelles ». Les Africains et leur Cayenne lisse n'ont plus qu'à se faire oublier.

Cette « opération MD2 », digne de James Bond, risque de mettre en coupe réglée la fragile économie agricole ivoirienne et de priver l'amateur de fruits-plaisir. Des dommages collatéraux dérisoires au regard des bénéfices escomptés par Del Monte.

L'histoire de **la banane** n'a rien d'une bluette romantique au son du ukulélé. Il s'agit d'un thriller politico-économique avec en toile de fond la mondialisation, le « marketing », la « désaisonnalisation » et la célèbre PAC, Politique agricole commune.

Fruits et légumes

Imaginiez-vous que la banane, fruit pacifique par nature, gentil sex-symbol à ses heures, était l'objet d'une guerre sans merci entre l'Europe et les États-Unis, plus précisément entre la France et trois multinationales, Del Monte, Chiquita et Dol ? Del Monte n'a plus de secret pour vous, les deux autres boxent dans la même catégorie. Ces trois entreprises, les plus gros producteurs de bananes du monde, se partagent chaque année un marché de 8 à 10 milliards d'euros. C'est peu de dire que leurs discussions n'ont rien d'amical.

Propriétaires, les unes comme les autres, d'immenses domaines en Amérique latine, elles commercialisent la « banane-dollar ». On ne sait pas grand-chose de leurs méthodes de culture, sinon que les plantations sont soumises à un régime intensif fondé sur l'irrigation, les engrais, les pesticides et les hormones de croissance. La « banane-dollar », dopée comme un athlète soviétique, développe, sous une enveloppe jaune uniforme, la musculature impressionnante – vingt centimètres de long, cinq centimètres de diamètre – d'un phénomène de foire. De quoi forcer l'admiration... et l'envie. Sauf que, sitôt déshabillée, elle déçoit ; sans arôme ni saveur, pâteuse, elle se colle au palais, aux gencives, avant de s'écrouler sur l'estomac.

La maturité ! Voilà bien le problème qui concerne tous les fruits. La banane mûrie sur pied doit être consommée sur son lieu de production. Destinée à l'exportation, elle est, pour affronter son transport par bateau à plus de 10 000 kilomètres de la plantation, cueillie verte. À ce stade, elle n'est encore qu'un concentré d'amidon, immangeable, âcre, insipide. En Martinique, sitôt récolté, le régime subit, avant de traverser l'Atlantique, un traitement frigorifique qui le plonge dans un demi-sommeil. La « banane-dollar », essentiellement sud-américaine, qui a un chemin plus long à parcourir, n'a d'autre choix, littéralement étouf-

CONSommateurs, révoltons-nous !

fée dans du plastique, que de voyager en apnée. Dans les chambres dites de mûrissement, la réanimation est souvent douloureuse. Deux types de méthode pour deux types de banane : l'homme de l'art laisse les bananes se réveiller doucement à température ambiante – 15 °C à 16 °C –, diffusant dans la chambre, pour déclencher le mûrissement, un mélange d'azote et d'éthylène qui transforme l'amidon en sucre ; dix jours plus tard, les bananes sont mûres. Pour peu qu'elles aient été correctement cultivées, cueillies au bon stade de maturation et transportées avec soin, elles développent la saveur et les arômes attendus. L'autre méthode, pratiquée par un maître saboteur, joue la montre : dans la chambre de mûrissement, transformée en autocuiseur – terme employé par les professionnels –, on monte la température, on pousse le gaz, le sort de la banane est réglé en soixante-douze heures. Délai trop court pour que l'amidon ait le temps de se transformer en sucre. Résultat : la banane est jaune à l'extérieur, verte à l'intérieur. Illusion... tout n'est qu'illusion !

Jusqu'à une époque récente, une grande partie de l'Union européenne était interdite à ce fruit médiocre, vendu au rabais, et les multinationales s'accommodaient mal de cette situation. Il s'agissait moins de nous protéger d'une expérience gustative désastreuse – LES CONSommateurs ne se plaignaient pas, ils ignoraient jusqu'à l'existence de la « banane-dollar » –, que de répondre à des considérations politiques. En 1957, lors des négociations du traité de Rome, la France se souvint des Antilles, seuls producteurs de bananes de l'Europe naissante. Mais dans les Caraïbes, pas de grandes exploitations industrielles comme en Amérique du Sud : l'économie de la banane était paysanne. Les plantations, accrochées à flanc de coteau, dépassaient rarement quelques centaines d'ares, on ignorait l'usage des engrais et pesticides. Pouvait-on parler de rendement

Fruits et légumes

dès lors qu'ils étaient inexistants ? Mûrie dans les règles de l'art, la banane antillaise était un régal. Son inconvénient majeur était de coûter deux à trois fois plus cher à produire que la « banane-dollar ».

Française, la banane antillaise bénéficia de la préférence communautaire. Le principe était simple : les planteurs antillais vendaient à un prix très supérieur au cours de la « banane-dollar » et l'Europe établissait des barrières douanières dissuasives à l'encontre des producteurs d'Amérique latine. C'était compter sans les Allemands qui avaient de gros intérêts dans les plantations sud-américaines et firent de la résistance, au point que la signature du traité de Rome fut retardée d'une journée. Résultat : il fut décidé que les « bananes-dollar » entreraient librement en Allemagne et, pendant quarante ans, nos voisins achèteraient au prix fort des bananes cultivées à vil prix en Amérique latine.

En 1993, sous la pression internationale, le marché européen s'ouvrit à tous les pays producteurs de bananes. Bruxelles concocta une de ces réglementations inefficaces et coûteuses dont elle a le secret : elle baissa les prix intérieurs et compensa le manque à gagner des planteurs européens par une subvention directe de 1,7 milliard par an. En supplément, l'Europe accorda, via des quotas d'importation, une préférence aux pays en voie de développement de la zone ACP, Afrique-Caraïbes-Pacifique. Aussitôt les trois lascars, Chiquita, Dol et Del Monte, crièrent à l'injustice et, par l'entremise du gouvernement américain, déclarèrent la guerre à l'Europe. Un an plus tard, la Communauté reculait et augmentait de 200 000 tonnes le quota annuel d'importation des « bananes-dollar ».

En 1995, nouvelle offensive américaine : Clinton, fraîchement réélu, ne pouvant rien refuser à son ami milliardaire Carl H. Lindner, patron de Chiquita, qui avait participé généreusement au financement de sa dernière campagne, demanda à l'administration américaine de faire condamner l'Europe devant l'OMC, Organisation mondiale du commerce, pour protectionnisme aggravé[1]. Les Américains gagnèrent, la Communauté européenne leur accorda 350 000 tonnes supplémentaires de « bananes-dollar ».

Le feuilleton aurait pu s'arrêter là. Eh bien, non ! En 1998, les États-Unis portèrent à nouveau plainte devant l'OMC et l'Union européenne fut une fois encore condamnée. La France et l'Espagne, qui défendaient respectivement les intérêts des Antilles et des îles Canaries, se fâchèrent. Bruxelles fronça les sourcils, les Américains haussèrent le ton, multipliant les rétorsions commerciales contre la maroquinerie de luxe française, les produits de bain et les cartons pliables anglais, les cafetières allemandes, les fromages italiens...

Après quelques mois de résistance, l'Union européenne se coucha définitivement, la « banane-dollar » avait gagné. En 2006, le marché communautaire sera totalement libre.

Huit années d'attaques américaines et de renoncement européen, huit années durant lesquelles la politique et la diplomatie ont été au service des comptes d'exploitation de trois multinationales ! CONSommateurs, qui se préoccupe de votre plaisir, de votre santé ? Qui espérez-vous attendrir ?

De leur côté, les planteurs antillais ont vendu des centaines d'hectares aux géants américains, allant jusqu'à leur abandonner le mûrissement et la commercialisation de leurs récoltes. À quoi bon pleurer, aujourd'hui, après s'être rendu compte qu'ils avaient été trompés, jurant, « *mais un peu tard, qu'on ne* [les] *y prendrait plus* » ? Comment ont-ils pu imaginer un instant que Del Monte, Chiquita ou Dol feraient la promo-

---

1. Comme les États-Unis ne produisent pas de bananes, la plainte a été déposée au nom du Mexique, du Honduras et du Guatemala, sous prétexte de défendre les petits planteurs latino-américains, « oubliant » les intérêts financiers des multinationales de la « banane-dollar ».

Fruits et légumes

tion de la banane martiniquaise ou guadeloupéenne sur les marchés français ? Dès que l'Europe s'est entrouverte à la « banane-dollar », le piège s'est refermé sur les Antilles. Les voyous se sont mis à vendre sous leur propre marque des bananes indifféremment antillaises, africaines ou latino-américaines[1]. Preuve à l'appui : les campagnes publicitaires qui se multiplient dans les médias.

Les grands distributeurs, reprenant le scénario déjà écrit à l'intention de la Golden, ne font aucun effort pour mettre de l'ordre dans les origines, bien que la réglementation les y oblige. ILS accueillent au contraire avec ravissement cette banane tout-venant, formatée et soigneusement « marketée ». Une voie royale pour les premiers prix.

La tomate, la pomme, l'ananas, la banane ne sont malheureusement pas les seuls exemples susceptibles d'illustrer la médiocrité actuelle de notre alimentation.

Vous souvenez-vous de **la pêche**, ce fruit-plaisir, ce fruit-soleil, sensuel, charnel, quand son jus sucré coulait à la commissure de vos lèvres ? Depuis quelques années, devant les colis de pêches, vous hésitez, vous les observez avec la plus grande circonspection : trop fermes, trop sèches, trop fades, pas assez mûres. Interrogés, les producteurs français et la FNSEA ressassent la même litanie contre la grande distribution, promettant invariablement des représailles contre les importations de pêches espagnoles. On en est là...

---

1. Les multinationales ont aussi acheté des plantations en Afrique et dans les Caraïbes, ce qui leur a permis de pénétrer davantage encore le marché européen via le quota préférentiel octroyé aux pays ACP.

CONSommateurs, révoltons-nous !

Le lait, la viande, les céréales sont victimes de la politique agricole – gestion de l'offre, quotas, primes, prix garantis... –, les fruits et légumes subissent simplement la loi de l'offre et de la demande. Résultat ? Une guerre permanente entre les pays du Sud et la France. Ni les uns ni les autres n'en sortent gagnants, pas plus les producteurs que LES CONSommateurs. Seule la grande distribution tire son épingle du jeu, face à cette explosion de l'offre. Ne pourrait-on pas mettre un peu d'ordre dans le marché européen des fruits, établir par exemple un calendrier de commercialisation par pays en fonction des saisons ? Les producteurs engagés dans des démarches de qualité le réclament de toute urgence. Aujourd'hui, leurs efforts pour fournir des fruits savoureux sont anéantis par la désorganisation chronique des marchés. « À *tant faire que de perdre de l'argent, autant continuer dans la voie de la médiocrité, on en perdra moins* », confiait récemment un producteur de l'Ardèche.

CONSommateurs, si vous restez vigilants, attachés à la qualité, vous avez quelques chances de ne pas perdre votre âme... et de vous régaler.

La mirabelle de Lorraine vous offre un bel exemple de ce que vous pouvez encore modifier le cours des événements. Ce fruit était en perdition, au bord de la disparition, condamné par la mode et le « marketing », concurrencé par les prunes des vergers industriels du sud de la France. Pas rentable, affirmait-on. Une poignée de jeunes Lorrains audacieux, au début des années 1980, décida de replanter des mirabelliers, selon la tradition culturale, dans le terroir et surtout en respectant les saisons. Et ça marche ! La mirabelle de Lorraine, on n'en trouve ni à Noël ni à Pâques, elle entre en scène à la mi-août et pour quatre semaines seulement, pas une de plus. C'est pourquoi on l'attend,

Fruits et légumes

on la guette, on l'espère. Quand elle débarque, sans prévenir, avec sa jolie petite tunique jaune, ses joues roses, elle respire le bonheur... pour peu que la météo ait été démentie. Il y a deux ans – les amateurs de mirabelles s'en souviennent –, un vilain printemps, un mauvais été ont gâché la fête. Ce n'était que partie remise, les producteurs savent que pour obtenir des fruits-plaisir, il ne faut en aucun cas tricher avec la nature ; bonnes et mauvaises années se succèdent, avec leur lot de joies et de déceptions.

Nous devons, c'est essentiel, aider les producteurs, ceux qui ont décidé de s'atteler à la lutte contre la médiocrité. Leur victoire sera la nôtre, nous retrouverons le goût du plaisir. Aussi commençons pour ce faire par respecter les saisons.

Veau

La vache a besoin de faire un **veau** pour donner du lait. Je ne crains pas de l'affirmer haut et fort tant j'ai vu de regards incrédules, de moues dubitatives à l'énoncé de cette vérité première. Quand bien même le biberon rend quelques services, difficile d'oublier l'évidence, même pour une primipare. Ce n'est pas, j'en conviens, en visitant l'une des 125 000 fermes laitières françaises qu'on peut s'instruire de ces réalités. Il faut se rendre à l'évidence, les vaches laitières n'ont plus de veau, ou si peu. Dès la mise bas, le veau leur est enlevé, privé à jamais de pis.

Il était une fois, la triste histoire du veau...
À sa naissance, l'éleveur se précipite pour vérifier le sexe de l'animal. O joie ! C'est une femelle. Elle grandira dans une nursery, puis ira rejoindre le troupeau des mères. Dès l'âge de trois ans, après une gestation de neuf mois, elle entamera à son tour une lactation, mais ne sentira jamais sur son pis la langue goulue de son premier rejeton.
C'est un mâle ? Il faut s'en débarrasser au plus vite. Dès le huitième jour, il rejoindra la filière boucherie pour finir, à plus ou moins long terme, dans une assiette. Pourquoi tant de précipitation ? Parce que le

Veau

taureau, depuis la pratique de l'insémination artificielle, n'a plus aucune utilité. Les éleveurs achètent des paillettes de sperme sur catalogue ou via Internet et, avec un étonnant luxe de minutie, procèdent à des « accouplements raisonnés », des croisements entre vaches et semences soigneusement sélectionnées. Cette opération, très coûteuse, permet d'améliorer rapidement les performances laitières d'un troupeau. À condition toutefois que le veau soit une femelle.

Dans un cas comme dans l'autre, la séparation de la vache et du veau est contre nature, mais elle a été érigée, dans les années 1960, en principe intangible de l'élevage moderne. Les planificateurs d'alors imaginaient-ils dans quelle spirale infernale ILS nous entraînaient ?

À la fin des années 1950, tous les veaux étaient élevés sous la mère, jusqu'à ce qu'ILS s'interrogent, au sommet de l'administration agricole, sur ce qu'ILS qualifièrent de « gaspillage typiquement français ». La France avait en effet besoin de lait pour nourrir la génération montante résultant du baby-boom. ILS décidèrent, oubliant au passage que le lait de vache ne convient pas aux enfants, que les paysans gaspillaient le lait en engraissant des veaux. Oui, mais... comment nourrir un veau si ce n'est avec le lait de sa mère ? Personne n'avait jusqu'alors envisagé une solution de rechange ; les technocrates allaient s'y employer.

En 1955, la France se débattait avec les premiers excédents de lait – la situation ne fit qu'empirer jusqu'en 1984, année de la mise en place des quotas laitiers. Pour résoudre le problème, l'État encouragea financièrement les grandes coopératives à investir dans de gigantesques unités de séchage, afin de transformer le lait en poudre de lait, plus facilement stockable et exportable. L'idée aurait sans doute été excellente si le marché mondial n'avait déjà été saturé. Pas plus de débouchés en Europe que dans le reste du monde ! La poudre de lait déborda rapidement des silos. Il devenait urgent de pallier ces « désagréments ». Au ministère de l'Agriculture, on se fatigua les méninges : qui pouvait bien avaler ces tombereaux de lait en poudre ? Mais les veaux, évidemment ! Comment ne pas y avoir songé plus tôt ?

À condition toutefois de convaincre les paysans d'acheter de la poudre pour nourrir les veaux, alors que les vaches « pissaient le lait ». Subvention aidant – comme trop souvent dans le monde agricole –, les producteurs se rallièrent à cette solution. La réalité dépassait, outrepassait la fiction. Cette subvention, appelée aujourd'hui « *prime à l'incorporation de lait écrémé en poudre dans les aliments d'allaitement* » – règlement (CE) n° 2799/1999 –, se révéla d'une extraordinaire perversité. Au prix d'une affolante dépense publique – entre 1 et 3 milliards de francs chaque année[1] –, très satisfaits d'avoir réglé temporairement le sort des excédents de poudre de lait, les technocrates européens ne se rendirent pas compte qu'ILS avaient joué les apprentis sorciers.

Démontons les rouages de cette machine infernale.

Au cœur du dispositif, les grandes coopératives laitières, chargées de collecter le lait des éleveurs pour le commercialiser tel quel ou sous forme de yaourt, crème fraîche, beurre et fromage, le trop-plein étant converti en poudre de lait. À partir de 1958, grâce à la « prime d'incorporation », les coopératives ajoutèrent une corde à leur arc, devinrent marchands d'aliments pour veaux. Ce n'était peut-être pas la branche la plus lucrative de leur activité, mais à coup sûr la plus extravagante. Imaginez le manège du camion ramassant de

---

1. Entre 1983 et 2001, plus de 60 milliards de francs d'argent public ont été engloutis, l'équivalent de 120 Airbus A 340.

Veau

ferme en ferme la traite du jour, distribuant les sacs de poudre fabriquée avec le lait de la veille ou de l'avant-veille... Qu'en était-il de la légendaire réputation de bon sens des paysans ? Dès qu'il y a de l'argent facile à gagner, de surcroît sur deux tableaux, au diable le bon sens ! Les éleveurs achetaient pour leurs veaux un aliment qui représentait, grâce aux subventions, 50 % à 60 % de ce qu'ils empochaient en vendant la totalité de leur lait, au prix garanti, à la coopérative. Comment leur en vouloir de n'avoir eu qu'une obsession : agrandir leur troupeau et produire de plus en plus de lait ? Peu importait que ce même lait aille grossir les stocks de poudre, l'État sans cesse subventionnerait leur transformation en aliment pour veaux.

Non seulement cette gabegie dépassait l'entendement, mais elle dissimulait un scandale alimentaire. Vous n'en avez rien su, ou si peu. Il fallut attendre l'affaire de la vache folle pour en apprendre davantage.

L'aliment destiné aux veaux était élaboré à partir d'une poudre de lait préalablement écrémé, la crème servant à fabriquer du beurre. Mais le veau ayant besoin de graisse pour grandir, les coopératives furent contraintes de réengraisser les poudres. Et avec quoi réengraisser du lait écrémé en poudre ? Pourquoi pas avec des excédents de beurre ? Ne riez pas, on y viendra... Rentabilité oblige, les industriels optèrent pour les résidus d'équarrissage – moins chers que le beurre. Ô surprise, on retrouve la même filière, celle des farines animales. Au final, la crème fut remplacée, dans la poudre de lait, par du saindoux de porc ou des suifs de bœuf. C'est devenu un métier que de commercialiser ces cochonneries, il existe même des courtiers spécialisés. En France, le saindoux et le suif ne coûtent pas très cher, ce n'est pas une raison pour se priver de faire des économies, surtout quand on est dépourvu de moralité. Pourquoi ne pas faire venir de l'étranger des suifs encore meilleur marché ? Traçabilité, vous avez dit

CONSommateurs, révoltons-nous !

traçabilité ? Aujourd'hui, on s'en soucie peu, il y a trente ans, personne n'y songeait. Voilà comment les petits veaux élevés dans les Côtes-d'Armor ont bu du lait reconstitué avec les graisses de jeunes bovins piqués aux hormones dans le Colorado...

Que faire de la crème ? Les veaux n'en mangeaient plus, elle était remplacée par des suifs. On en fit ce qu'on en a toujours fait : du beurre. Mais où stocker ce beurre ? Comment l'écouler, contre d'autres subventions, sur le marché mondial ? En 1969, la situation était devenue surréaliste : les stocks dépassaient 200 000 tonnes, des mesures d'urgence s'imposaient. La Commission décida qu'une partie du beurre serait transformée en *butter oil*[1], espèce de beurre fondu recyclé à vil prix par les fabricants d'aliments pour bétail. Comprenez qu'une partie des excédents de beurre fut utilisée pour engraisser des poudres de lait préalablement écrémées, destinées à l'élaboration d'un aliment d'allaitement pour le veau. Vous suivez ?...

Jusqu'en 2000, personne ne s'est alarmé, pas même vous, qu'une vache pût avaler des farines fabriquées avec le cadavre de ses congénères. Personne ne s'est davantage offusqué de cette forme étrange de cannibalisme, à travers ce succédané de lait où le gras n'était plus sécrété par les glandes mammaires, mais récupéré sur des restes de bovins morts.

Heureusement, les investigations de l'AFSSA, Agence française de sécurité sanitaire des aliments, sur la vache folle, permirent à des scientifiques de s'interroger – très discrètement – sur les conséquences de cet étrange et scandaleux recyclage intra-espèce du mort dans le vivant. On pouvait en effet imaginer que les suifs utilisés pour réengraisser les poudres de lait étaient infestés par le prion, responsable de l'épidémie d'ESB. L'AFSSA ne

1. Littéralement : huile de beurre.

Veau

manifesta aucune certitude scientifique, se contentant d'émettre des doutes, seulement des doutes.

Que se serait-il passé si les veaux nourris à la poudre de lait avaient été contaminés ? La viande n'aurait présenté aucun risque, mais le thymus ? Cette petite glande du système immunitaire, plus connue des amateurs de triperie sous le nom de ris de veau, aurait pu se révéler un foyer infectieux potentiel. Nous étions en pleine psychose de la maladie de la vache folle, il fallait ouvrir au plus vite le parachute le plus large possible. Le 14 novembre 2000, le gouvernement de Lionel Jospin annonça une série de mesures. Les supputations allèrent bon train : le système qui marchait sur la tête depuis plus de quarante ans allait-il enfin être remis courageusement en cause ? Allait-on décréter l'interdiction totale des graisses de bovin dans l'alimentation des veaux ? Rien de tout cela. Au moment où il était possible de déployer l'artillerie lourde, le gouvernement se contenta d'une pichenette. Suivant au pied de la lettre les recommandations de l'AFSSA, il annonça purement et simplement le retrait de la vente, pour une période indéterminée, de tous les ris de veau. Journée noire pour les quelque deux cents tripiers français encore en activité. Les amateurs de ris de veau durent sacrifier leur plaisir sur l'autel du principe de précaution.

L'industrie laitière et les grandes coopératives en vinrent à s'inquiéter. Il était peut-être temps, voire urgent pour elles aussi, d'appliquer le sacro-saint principe de précaution. À cette époque, il faut convenir que l'affaire était devenue « abracadabrantesque ». Il fallait remplacer les suifs et les saindoux dans la poudre de lait, c'était une évidence, mais les remplacer par quoi ? Réponse : par des huiles végétales. Végétales et exotiques : des huiles d'arachide, de palme, de coprah[1],

---

1. L'huile de palme, rouge, est tirée de la pulpe fermentée des fruits du palmiste ; l'huile de coprah est extraite d'une amande de coco décortiquée.

parce que les moins chères du marché. ILS avaient pensé à tout. Au nom du principe de précaution, le veau boirait désormais une soupe lactée relevée aux huiles tropicales.

Au premier semestre 2002, les experts de l'INRA, Institut national de la recherche agronomique[1], publièrent une étude qui – vous vous en doutez – ne remettait pas en cause l'ineptie mécanique, mais s'interrogeait néanmoins sur la qualité de ces graisses végétales : « *Les importations en provenance de pays en voie de développement s'appuieront sur des productions industrielles, mais également sur des collectes locales très dispersées de faibles quantités, ne pouvant offrir ni une traçabilité satisfaisante, ni des garanties en terme de qualité sanitaire. [...] Une fois entrés sur le territoire européen, ces produits d'importation sont mélangés avec d'autres huiles (afin d'obtenir un mélange fluide à température ordinaire), dans des conditions qui paraissent insuffisamment contrôlées.* » Et les auteurs du document de promettre de nouveaux plaisirs à nos petits veaux : « *On peut s'attendre également à une utilisation accrue d'huiles alimentaires recyclées (huiles de friture...) actuellement autorisées en France et en Europe, mais dont les normes qualitatives et les conditions de traçabilité ne sont pas encore définitivement établies.* » On peut s'étonner que crèmes solaires périmées et huiles de vidange des tracteurs aient été négligées !

L'ineptie atteignit son comble en avril 2002. Le gouvernement autorisa à nouveau la commercialisation des ris de veau. Pas tous les ris ! Seulement ceux issus de veaux élevés au lait maternel ou avec de la poudre de lait indemne de graisses animales. Les ris des veaux nourris avec des poudres enrichies de suifs demeuraient interdits, sauf si lesdites graisses animales avaient été « sécurisées ». Vous me suivez toujours ? Cette déci-

---

1. *Conséquences en élevage et pour le consommateur du remplacement des farines et des graisses animales*, INRA Prod. Anim., 2002, 15 (2), pp. 87-96.

Veau

sion alambiquée a déclenché des contrôles administratifs en cascade, au point que, six mois plus tard, il n'y avait toujours pas de ris de veau sur les étals des tripiers.

Pendant cette période, la Commission de Bruxelles continuait à subventionner l'incorporation des poudres de lait dans l'alimentation des veaux, à raison de 600 000 euros par jour.

Principe de précaution par-ci, principe de précaution par-là... Le meilleur des principes de précaution ne consisterait-il pas à remettre tout simplement les veaux sous la mère ? Ce serait faire preuve de bon sens, mais que pèse le bon sens face à l'aveuglement de la superstructure agricole ? Impensable de mettre en péril cet échafaudage, aujourd'hui brinquebalant, construit depuis quarante ans ! Imaginez-vous le nombre de privilèges, de positions, d'emplois menacés si un esprit avisé décidait que chaque veau né en France sera désormais nourri avec le lait naturel de sa mère ? Ne rêvez pas. Les industriels de la poudre de lait ont une autre monstruosité à leur actif : la filière industrielle du veau de boucherie.

Inévitablement, si les veaux sont nourris avec de la poudre délayée dans de l'eau chaude, ils n'ont plus besoin de leur mère. Fini le veau sous la mère ! Vive le veau élevé en batterie ! Les grandes coopératives ont rarement des idées lumineuses, mais celle-ci fut remarquable : au début des années 1960, dans l'obligation d'écouler les excédents de poudre de lait, elles installèrent des « unités d'engraissement hors sol » de veaux. Le petit mâle de huit jours, ramassé dans les fermes ou acheté sur les marchés régionaux, était enfermé dans un vaste bâtiment, véritable univers concentrationnaire où il restait cinq à six mois, dans une cage individuelle et millimétrée, la tête souvent enchaînée, la gueule dans le seau, prêt à boire, matin et soir, sa ration de poudre de lait.

Ce système, lui-même une nouveauté, fut agrémenté d'une innovation : l'inféodation de l'éleveur à un marchand de poudre de lait, celui-ci fournissant les veaux, les aliments et les médicaments, l'éleveur – il n'était plus maître chez lui – se contentant de percevoir une rémunération forfaitaire pour le seul fait de nourrir des veaux. Tous les six mois, direction l'abattoir pour les animaux, rapide vide sanitaire et nouvelle fournée à l'engraissement. Ça portait un nom : « élevage en intégration ». Cinq ou six sociétés coopératives ou privées régnaient sur ce marché du veau de boucherie. La logique industrielle l'emportait une fois encore sur la logique paysanne. Le veau, objet de tous les soins de l'éleveur parce que sa viande était noble et chère, n'était plus qu'un vulgaire sous-produit de l'industrie laitière.

Le veau était triste, mais pas au bout de son calvaire. Dans les étables, la « holsteinisation » faisait rage, « la pisseuse de lait » prenait la place des races traditionnelles, bien qu'elle eût peu de qualité bouchère, son veau pas davantage. À tel point que la pauvre petite bête fut affublée du sobriquet de « crevard ». Pas vraiment flatteur pour un animal destiné à la boucherie ! Peu enclins à reculer devant un obstacle technique, les industriels de la poudre de lait, au mépris de la réglementation et surtout de la santé DES CONSommateurs, généralisèrent l'emploi des hormones de croissance. Les petits « crevards », piqués au bêta-agoniste, gonflèrent du même coup comme des ballons de baudruche. Sur les chaînes d'abattage, ils affichaient des formes aussi impressionnantes que celles des nageuses est-allemandes. L'illusion était grossière, les muscles saturés d'eau ; dans la casserole, l'escalope rendait toute la

Veau

flotte frauduleusement introduite, réduisait, rétrécissait, se ratatinait. De la viande ou de la semelle ?

Pour la première fois – ô surprise ! – vous alliez vous révolter. À l'appel d'une association qui avait besoin de se refaire une virginité, vous avez accepté de boycotter la viande de veau. Soyez honnêtes, vous ne pouviez guère faire autrement, le scandale des hormones faisait la une des gazettes. Les réseaux de fournisseurs de bêta-agoniste furent démantelés, les autorités feignant de découvrir ce qu'elles avaient volontairement et soigneusement ignoré. Les ventes chutèrent de plus de 40 %. L'image du veau était à jamais entachée.

Vingt ans plus tard, les Français ne mangeaient plus que 4 kilos de veau par an et par personne, diminuant de 2 kilos leur consommation. Les prix à la production, eux, s'effondraient. Histoire de grappiller à la vente quelques euros supplémentaires, les éleveurs livrèrent des veaux de plus en plus lourds. Patatras ! La situation ne fit qu'empirer. Logique : pour fournir la même quantité de viande, plus besoin d'abattre autant d'animaux. Sur les 21 millions de veaux nés dans la Communauté, 10 millions étaient destinés au renouvellement du cheptel laitier, 6 millions finissaient en cuisine et... 5 millions restaient sur le carreau. Que fallait-il en faire ?

Excédents de poudre de lait, excédents de veaux et bientôt excédents de viande rouge... C'est là que la machine s'est emballée. Les organisations agricoles firent un pari insensé : puisque LES CONSommateurs rechignaient devant l'escalope, ils avaleraient du bifteck. Aussitôt dit, aussitôt fait, ILS dirigèrent les excédents de veau vers des ateliers industriels d'engraissement... en nombre insuffisant pour accueillir les nouveaux candidats involontaires ! L'État subventionna aussitôt l'installation de ces goulags à viande : en dix-huit mois, à raison de 2 kilos par jour, un veau devenait un taurillon ou un jeune bovin. Les excédents de

CONSommateurs, révoltons-nous !

viande se transformaient en excédents de viande rouge. LES CONSommateurs européens, quand bien même ils auraient ingurgité cinq fois plus de bifteck, ne pouvaient avaler de telles quantités, d'où la nécessité de stocker les surplus – comme d'habitude –, pendant de longs mois, dans les chambres froides des grandes coopératives, moyennant rémunération de l'administration agricole européenne.

Deux ans plus tard, il fallut vider les chambres froides pour accueillir les arrivages de viande fraîche. Les vieilles carcasses furent bradées sur le marché mondial, pour moins de 3 francs le kilo. Souvenez-vous, elles avaient été payées aux producteurs entre 18 et 20 francs. Tout n'était pas perdu pour tout le monde ! Trop de viande blanche... Trop de viande rouge... Que faire ? La technocratie bruxelloise appela le veau à la rescousse.

En 1996, Bruxelles décida arbitrairement que le poids des veaux à l'abattage devait diminuer de 15 %. Ce raisonnement aurait pu ne pas manquer de bon sens, c'était oublier que pour fournir le même tonnage de viande, il faudrait désormais élever plus de veaux, autrement dit tous les veaux ne termineraient pas leur carrière dans des ateliers d'engraissement. Plus de veaux, moins de jeunes bovins ! Cette mesure, rendue plus efficace par l'adjonction d'une subvention – 300 à 500 francs par veau, en fonction du poids à l'abattage –, réduisit mécaniquement les stocks de viande : en quelques mois, le poids moyen des veaux abattus passa, en Europe, de 139,20 kilos à 129 kilos. Cette solution soi-disant miracle ne donna pas les résultats escomptés, les excédents de viande continuèrent à augmenter.

Deux ans plus tard, en 1998, le trait de génie ! La technocratie européenne décida de frapper un grand coup : « opération Hérode[1] » tous azimuts ! Pas franchement du meilleur goût. Plus question dorénavant de freiner la croissance des veaux, il fallait les exterminer. Quoi de plus radical, en effet, pour s'assurer qu'ils ne finiraient pas en carcasses de bœuf ?

Non, il n'y eut ni révolte, ni insurrection, ni jacquerie. Dans les campagnes, la bonne conscience ne pesa pas lourd face aux chèques : environ 600 francs de prime[2] chaque fois qu'un éleveur envoyait à l'incinération un veau mâle de huit jours. En quelques semaines, l'« opération Hérode », la « prime Hérode » plus exactement, élimina 851 000 veaux d'Europe... et coûta aux contribuables quelque 680 millions de francs.

Non, personne ne s'insurgea – des veaux de huit jours tombés au champ du déshonneur de la Politique agricole commune, pas de quoi s'émouvoir –, sauf quelques marchands d'aliments pour le bétail qui regrettèrent les milliers de tonnes de poudre de lait que ces veaux ne boiraient jamais.

Cette construction technocratique n'avait pas fini de faire des ravages. Il restait en France 13 000 éleveurs de veaux sous la mère, des irréductibles, attachés à la tradition séculaire ; la plupart dans le grand Sud-Ouest, sur quelques hectares de petites exploitations familiales.

En 2002, sur 2 millions de veaux avalés par les Français, 180 000 ont été élevés selon la tradition, les autres ont connu les affres de l'élevage en batterie. Il y a quarante ans, tous les veaux de France étaient élevés sous

1. En référence au roi juif Hérode Ier le Grand qui, selon saint Matthieu, aurait fait massacrer tous les nourrissons mâles de Bethléem pour éliminer à coup sûr cet enfant auquel on prédisait la royauté sur les Juifs.
2. La « prime Hérode » était de 798 francs, mais l'éleveur ne percevait que 600 francs, déduction faite des frais d'abattage et de transport.

la mère, mais le lait tété au pis n'était pas subventionné. Ceci explique cela.

Aujourd'hui, l'éleveur aveyronnais ne reçoit aucune « prime d'incorporation » pour engraisser ses veaux avec le propre lait de ses vaches. Cela serait considéré comme de la concurrence déloyale[1]. Certes, sur l'étal, le veau de lait est plus cher que le veau de batterie, mais ça n'est pas parce qu'il est plus coûteux à produire. En élaborant le système extravagant que nous venons d'évoquer, la superstructure agricole a réussi le tour de force de rendre artificiellement une filière industrielle longue plus économique qu'un circuit paysan court. Grâce au dispositif loufoque – ou à cause de lui ? – mis en place, une viande produite à partir d'un lait trait à la machine, vendu à une coopérative, écrémé, déshydraté, réengraissé avec des suifs ou des huiles végétales, pour être ensuite revendu à un industriel qui le livre à un éleveur, avec un lot de veaux de huit jours achetés à un négociant ou à une coopérative, est plus économique qu'une viande produite par un veau qui a naturellement tété sa mère. À notre connaissance, aucun responsable agricole n'a à ce jour reçu le prix Nobel d'économie.

Leur catéchisme est bien connu : « *Tous les consommateurs ne peuvent pas s'offrir du veau sous la mère... Les éleveurs doivent aussi mettre sur le marché une viande de veau à un prix juste pour nourrir les masses laborieuses...* » Les syndicalistes agricoles ont même l'audace d'ajouter, avec un certain dédain : « *Le veau sous la mère ? Une viande de riche, une niche de marché !* »

Vous vous êtes réjouis trop vite, CONSommateurs, en

---

1. Cette distorsion de concurrence s'est encore accrue le 1er janvier 2000 avec la mise en place de la « prime à l'abattage » qui n'a d'autre justification que d'améliorer l'ordinaire de la filière industrielle. Qu'on en juge : en 2002, un éleveur qui engraisse 500 veaux de batterie a reçu 25 000 euros (500 × 50 euros) ; un éleveur de 25 allaitantes produisant 20 veaux par an a dû se contenter de 1 250 euros de prime.

Veau

apprenant que la Commission européenne avait
décrété la fin des élevages de veaux en batterie. Elle a
agi sous la pression des associations de défense du bien-
être des animaux, celles-là mêmes qui militent pour
l'interdiction du gavage des oies et des canards, du chaponnage, autrement dit pour la disparition du foie gras
et du chapon. Cette décision est inquiétante, même si,
depuis le 1er janvier 2004, tous les animaux doivent être
engraissés en cases collectives et peuvent se dégourdir
les pattes. Ces deux petites victoires ont un prix : les
veaux devront continuer à avaler de la poudre de lait
reconstituée. Pas question de remettre en cause les fondements d'un système depuis longtemps si lucratif !

Les éleveurs de veaux en batterie, en prenant
connaissance du décret, ont hurlé au loup. Bruxelles
les a calmés avec des subventions et l'annonce que la
mise aux normes des bâtiments serait financée pour un
quart par le contribuable. La routine !

Paradoxalement, cette mesure en faveur du bien-être
des animaux risque de faire disparaître une grande partie des élevages de veaux sous la mère. Car, contrairement à ce que laisse entendre l'appellation faisant
référence aux méthodes traditionnelles, les veaux ne
sont pas « élevés » sous la mère, mais seulement « nourris » sous la mère. La nuance est de taille. L'habitude
séculaire veut que les veaux grandissent, muselés, en
case individuelle, et ne rejoignent leur mère que deux
fois par jour, le temps de la tétée. Ce mode d'élevage
peut, comme le gavage ou le chaponnage, heurter les
âmes sensibles, il est le prix de la qualité. Quand un
veau mange de la paille ou fait trop d'exercice, sa
viande devient rouge, elle est alors déclassée.

Les directives européennes ont décrété l'interdiction
de la muselière et de la case individuelle, remettant
implicitement en cause le mode d'élevage traditionnel.
Le Syndicat des éleveurs de veaux sous la mère a écha-
faudé plusieurs projets de demandes de dérogation,

avant, découragé, de baisser les bras. Les prévisions ne sont guère encourageantes : plus de la moitié des éleveurs devrait mettre la clef sous la porte, la plupart d'entre eux, à dix ans de la retraite, n'ayant ni l'envie ni les moyens financiers de céder aux ukases bruxellois. La mise aux normes les obligerait à abandonner leurs vieilles étables, pour investir dans des bâtiments adaptés. Une rationalisation qui pourrait ouvrir la porte à toutes les dérives.

Dans quelques années, un peu partout en France, fleuriront les « élevages industriels de veaux sous la mère ». Le monde agricole a cédé, il cédera encore, d'autant que la loi autorise déjà l'emploi de poudre de lait en complément de la tétée. Ces veaux ne se démarqueront de leurs congénères industriels que par leur estampille label Rouge, mais quelle différence dans l'assiette ?

Un jour, le vrai veau sous la mère, devenu illégal, s'échangera sous le manteau, comme les cochons aux heures sombres de notre histoire, et aujourd'hui les ortolans.

Poissons

Minuit, au pavillon de la marée du MIN, Marché d'intérêt national, de Rungis. Murs, sols et plafonds ont été récemment ripolinés, le plus grand marché de **poissons** d'Europe ressemble néanmoins à une cour des miracles. Jean-Pierre Lopez vient ici depuis trente ans acheter du poisson, ce qu'il y a de plus beau. Il arpente les allées, les yeux mi-clos, il connaît l'itinéraire par cœur. Il s'arrête pour jauger, retourne un poisson, lui caresse le ventre, veille à ce que tous les sujets de la caisse aient le même œil brillant, la même peau irisée. Un regard au mandataire... Affaire conclue !

Effondré sur des cartons, un immense espadon, la longue épée qui lui sert de mâchoire supérieure amputée et fixée sur la tête à l'aide d'un ruban adhésif, l'œil blanchâtre, concave, la paroi abdominale flasque ; lui seul sait depuis combien de temps il a été sorti des océans, une légère odeur fétide s'en dégage.

« Vous avez intérêt à éteindre votre cigarette, si les inspecteurs vous chopent, ça va vous coûter cher... », prévient le vendeur, blouse blanche et bottes réglementaires, qui travaille pour un mandataire ayant pignon sur carreau à Rungis. Preuve que, s'il est formellement interdit de fumer dans le pavillon de la marée, on a le droit d'y vendre de la merde. « Ici, fait remarquer Jean-Pierre Lopez, vous avez la daube, ce qu'on trouve le

CONSommateurs, révoltons-nous !

plus souvent ; pour l'excellence, il faut explorer, elle est de plus en plus rare. »

Il suffit de lire les étiquettes pour faire le tour du monde : les dorades arrivent de Grèce, le bar de Turquie, les longes d'espadons sous vide ont franchi plusieurs océans, les cabillauds ont eu droit à leur baptême de l'air depuis l'Afrique du Sud et les rougets débarquent des plages du Sénégal. Une question nous taraude : ces poissons sont-ils encore sauvages ? Réponse de Jean-Pierre Lopez, sans détour : « Quand je parle de daube, j'inclue évidemment les poissons d'élevage. »

Dans un stand, coup d'œil sur une caisse, le mandataire se précipite : « Non, M. Lopez, ça, c'est pas pour vous. » Ce lot de dorades médiocres, de la resserre comme on dit ici, attend depuis plusieurs jours et ne s'améliore pas au fil des heures, le poisson fait grise mine. Pas d'inquiétude cependant, à Rungis tout finit par être bazardé. Sous une épaisse couche de sauce tomatée ou dans un semblant de bouillabaisse, dorades épuisées et maquereaux ramollis sauveront les apparences dans une mauvaise cantine de la capitale.

4 heures du matin, marché terminé. Dans la voiture, en revenant vers Paris, à l'écoute de France Inter : « *Le poisson frais, 5 minutes et c'est prêt !* » La campagne de publicité, financée par l'OFIMER, Office national interprofessionnel des produits de la mer et de l'aquaculture, prête à rire après le spectacle auquel nous avons assisté trois heures durant. Elle illustre la dérive inquiétante du comportement DES CONSommateurs à l'égard du poisson.

Entre 1996 et 2002, les poissons frais, maquereaux, bars, dorades, merlus, cabillauds, lieus noirs... ont perdu 17 % du terrain ; le mouvement s'est accentué, avec une chute de 6 % pour la seule année 2003. Depuis dix ans, les Français cuisinent de moins en moins de poissons frais entiers, en moyenne 800

Poissons

grammes par tête en 2003, l'équivalent de deux beaux merlans, un petit turbot et une dizaine de sardines. Dans le même temps, la consommation des produits de la mer a progressé chaque année de 1,5 % à 2 % ; nos compatriotes ont avalé un demi-kilo de surimi par an et par personne. Pour consternant que soit ce chiffre, il devrait doubler dans les prochaines années[1].

Que se passe-t-il, CONSommateurs ? Que signifie cet engouement pour la chair de poisson aromatisée au crabe ? Aux poissons entiers que vous prétendez trop compliqués, trop longs à préparer, vous préférez les filets, pavés, rôtis, brochettes, panés, fumés, marinés, cuisinés... ? Vous ne vous attachez ni au prix, ni à l'origine, vous privilégiez la facilité de préparation ? À l'heure où les soi-disant experts nous serinent que la traçabilité figure en tête de vos critères de choix, vous vous précipitez sur des préparations qui ne sont pas tenues d'afficher l'origine – zone de pêche ou lieu d'élevage – du poisson préemballé ? Déjà, lors de la crise de la vache folle, vous aviez commis l'erreur grossière d'abandonner la boucherie pour la poissonnerie, alors que vous n'aviez aucune garantie quant à l'origine des filets de merlan ou des pavés de saumon que vous achetiez, prêts à cuire, en barquette. Méfiez-vous, vous allez devenir indécrottables, nous ne pourrons plus rien faire pour vous, vous serez totalement soumis aux foucades des industriels, aux extravagances des « marketeurs ».

Vous préférez aux merlans, maquereaux et autres harengs des poissons à chair blanche, maigre, sans arêtes ni goût ? Vous vous êtes pris de passion pour des poissons de grande profondeur comme le grenadier ou l'empereur ? Mieux, vous voulez de la perche du Nil ?

---

1. Pour plus d'informations sur le surimi, se reporter au chapitre consacré au « marketing », p. 178.

CONSommateurs, révoltons-nous !

Quand vous connaîtrez l'histoire de la perche du Nil, vous mesurerez votre erreur.

Perche du Nil... Il est légitime de penser que ce poisson est pêché dans le Nil. Erreur ! C'est dans le lac Victoria, la plus grande étendue d'eau douce du monde – 69 000 mètres carrés, la superficie de l'Irlande –, que se partagent la Tanzanie, l'Ouganda et le Kenya. Si la plupart DES CONSommateurs négligent trop souvent l'origine des poissons, ils sont encore moins nombreux à se préoccuper de la provenance des espèces exotiques. La grande distribution et bon nombre de poissonniers qui ne méritent pas plus leur enseigne que les marchands de pain surgelé méritent celle de boulangers, ont longtemps joué, et continuent à jouer, avec l'origine de la perche du Nil. Dans l'illégalité la plus totale puisque l'étiquetage est obligatoire. Sous la seule mention « perche », qui peut deviner si le poisson vient de la Loire, du lac d'Annecy, du lac Léman... ou du lac Victoria ? Ce que LES CONSommateurs ignorent de surcroît, quand ils cuisinent de la perche du Nil, c'est qu'ils participent aux désordres économiques, écologiques et sociaux de la région des grands lacs africains.

La perche du Nil a été introduite dans les secteurs ougandais et kenyans du lac Victoria à la fin des années 1950 ; on en pêchait alors quelques milliers de tonnes par an. Six cent mille aujourd'hui, car depuis les années 1980 la demande de poisson à chair blanche a augmenté de façon démesurée dans les pays riches. On avait seulement oublié que ce gros prédateur proliférait à une vitesse phénoménale et dévorait toutes les espèces indigènes, au point que les biologistes n'hésitent pas à parler, au début du XXIe siècle, de catastrophe écologique.

Un autre drame se profile, humain celui-là. La demande sur le marché international de perches du Nil

Poissons

est telle que les populations locales n'ont plus accès à ce poisson. Alors que les captures ont été multipliées par cinq, la consommation a diminué de moitié dans la région. Selon l'UICN, Union internationale pour la conservation de la nature, « *des enquêtes spécifiques ont fait apparaître que dans ce secteur, près de la moitié des enfants souffrent de malnutrition. Au Kenya, la consommation annuelle moyenne de poisson est passée de 6 kilos à 3 kilos au cours des quinze dernières années*[1] ». Sur les rives du lac, on multiplie la construction d'ateliers de transformation – financés le plus souvent grâce aux capitaux des banques de développement internationales –, où le poisson est fileté avant d'être expédié vers l'Europe, le Moyen-Orient, le Japon ou les États-Unis. La concurrence fait rage entre les ateliers et, pour satisfaire les approvisionnements en poisson brut, on arme des chalutiers de plus en plus gros, équipés de filets maillants dérivants. Non seulement on prive de travail des milliers de petits pêcheurs, mais on condamne au chômage les femmes qui vendaient le poisson ; il ne reste plus aux uns et aux autres qu'à contempler le va-et-vient des camions entre l'usine et les ports de débarquement. Scandaleux !

Vous voudriez, amis, « consommer citoyen », « consommer équitable » – les as du « marketing » appellent cela la « consocratie » –, c'est tout à votre honneur, à condition que vous le vouliez vraiment ; il faut alors que vous vous preniez sérieusement en main.

« *Quand le dernier arbre aura été coupé, quand la dernière rivière aura été empoisonnée, quand le dernier poisson aura été pêché, seulement après tout ça, vous vous apercevrez que l'argent ne se mange pas* » – proverbe de la tribu indienne Cree –, et que vous avez participé à une catastrophe écologique et sociale sur les bords du lac Victoria. Pourquoi ? Parce que vous préférez une tranche insi-

---

1. Cité par *Samudra*, revue du Collectif international d'appui aux travailleurs de la pêche.

pide de poisson blanc à un maquereau pêché sur les côtes françaises, sans vous rendre compte que les poissons dits nobles – bar, turbot, sole, dorade, saint-pierre... – sont sur le point de disparaître des étals, remplacés par de pâles copies élevées dans des fermes aquacoles, engraissées pour le moment avec les farines des poissons dont vous ne voulez plus, avec du soja et des céréales dès que les cours des matières premières végétales le permettront.

C'est vrai, la mer se vide de ses occupants. Un signe ne trompe pas, révélateur de la gravité de la situation : la liste des poissons nobles s'allonge, leur prix à l'étal devient extravagant. L'histoire du cabillaud est, à ce titre, révélatrice.

Le cabillaud, l'une des espèces les plus populaires d'Europe – jadis, le bœuf du pauvre – sous sa forme salée et séchée, autrement dit la morue, est en passe de voler la vedette au turbot et à la sole sur la carte des restaurants. En moins de dix ans, son prix a doublé chez les poissonniers : 20 euros le kilo... ou passez votre chemin. La raison ? L'espèce est en voie de disparition.

Au milieu du XVIe siècle, 60 % du poisson consommé en Europe était de la morue. Comme le saucisson et le fromage, elle a été inventée par nécessité ; on ne connaissait ni le réfrigérateur ni le congélateur pour conserver le poisson pendant les longues campagnes de pêche dans l'Atlantique Nord, à terre ensuite jusqu'à la saison suivante. Sitôt pêché, le poisson était vidé, salé et stocké dans le fond de la cale.

Contrairement aux idées reçues, ce ne sont pas les Portugais, mais les Basques qui, les premiers, pêchèrent le cabillaud et imposèrent la morue. Bien avant les grandes explorations du XVIe siècle, ils avaient découvert, au large des côtes canadiennes, l'Eldorado de la morue ; baptisé ultérieurement Terre-Neuve, il fut le

Poissons

théâtre de batailles homériques entre les flottes de pêche du monde entier. Non seulement les Basques avaient le pied marin, mais surtout ils possédaient d'énormes gisements de sel, une richesse alors très convoitée. La religion a fait le reste, Rome multipliant au Moyen Âge les jours de jeûne : relations sexuelles et consommation de viande étaient interdites les vendredis, pendant le carême et l'avent... au total vingt-quatre semaines par an. Pour les Basques, jeûne rimait avec morue. Le bonheur ! La tradition s'étendit à l'ensemble de l'Europe ; du Portugal à l'Angleterre, les navigateurs armèrent des bâtiments pour se lancer à la conquête des bancs poissonneux de Terre-Neuve. « *Là-bas, la mer grouille de tant de poissons qu'on peut les prendre non seulement au filet, mais avec des paniers qu'on leste d'une pierre* », témoignait John Cabot, navigateur qui disputa à Christophe Colomb la découverte de l'Amérique [1].

Pendant quatre siècles, la morue nourrit l'Ancien et le Nouveau Monde... jusqu'à ce que la situation se dégrade dans les années 1970. Le productivisme aveugle sévit sur les océans comme il avait sévi dans l'agriculture. Des deux côtés de l'Atlantique, la pêche s'industrialisa, le tonnage des chalutiers augmenta, les pêcheurs détectèrent les bancs de poissons au sonar, les filets de plus en plus larges ramassèrent tout sur leur passage, sans distinction d'espèce, de taille ni d'âge. Finie, l'économie de cueillette, bonjour l'économie de massacre ! La France n'entendait pas être la dernière à piller les fonds marins ; de son côté, Bruxelles, sous la pression des gouvernements et des syndicats de pêcheurs, distribuait des subventions pour « accompagner » la « *nécessaire modernisation de la flotte européenne* ». La mer était grosse, à quand le naufrage ?

Depuis les années 1980, la pêche prélève chaque sai-

---

1. *Un poisson à la conquête du monde ou La Fabuleuse Histoire de la morue*, de Marc Kurlansky, éditions J.-C. Lattès.

son – c'est colossal ! – 40 % du stock des océans. Circonstances aggravantes : les perturbations climatiques, le réchauffement des eaux fatal aux jeunes cabillauds, la pollution des mers, le développement de la pêche dite « minotière [1] ».

La grande distribution, quant à elle, renforce ses positions monopolistiques, s'arroge près des trois quarts de la diffusion des produits de la mer, abandonnant la poissonnerie artisanale à ses questions existentielles. Comme le boucher et le charcutier avant lui, le poissonnier réagit mal, tente de singer la grande distribution jusqu'à perdre son âme. Il devient un « banal » marchand, négligeant ce qui fait la force de son métier, l'accueil et le service. Vider, écailler, laver, étêter, lever les filets, conseiller, orienter, former, redonner le goût de cuisiner le poisson, voilà ce que LES CONSommateurs sont en droit d'attendre de la poissonnerie artisanale. Au lieu de cela, trop souvent poussée par l'appât du gain, elle nous vend, comme la grande distribution, des filets levés à la machine et achetés chez le grossiste, essaie de nous faire croire que le bar d'élevage est un bar de ligne, camoufle la fraîcheur douteuse sous la glace pilée. Il ne reste plus que 80 poissonneries à Paris, il y en avait 250 en 1985. Combien de vrais professionnels, d'artistes parmi les rescapés ? Les doigts d'une seule main suffisent pour les recenser.

Les poissonniers ne sont pas les seuls à avoir fait les frais des méthodes de la grande distribution : pour offrir des prix toujours plus attractifs, les grandes enseignes ont investi en amont de la filière – Intermarché a armé une flotte de pêche industrielle –, se débarrassant du même coup des « trop nombreux intermédiaires ». Entre une offre pléthorique de poissons et

---

1. Les poissons sont utilisés pour la fabrication des farines destinées à l'alimentation du bétail et des poissons d'élevage.

Poissons

une concentration de la demande, comment éviter que les prix ne chutent à la criée ?

Au début des années 1980, la colère a grondé chez les marins pêcheurs, très vite la situation s'est détériorée. À plusieurs reprises, le pavillon de la marée, à Rungis, a été saccagé ; le vendredi 4 février 1994, le parlement de Bretagne était la proie des flammes. Les Français découvraient enfin la misérable condition sociale des « forçats de la mer ». Les fonctionnaires de Bruxelles intervinrent trop tard et trop brusquement ; c'est leur habitude, ILS l'avaient déjà fait en matière agricole. Il eût fallu manier le scalpel, ILS empoignèrent la hache. La Commission européenne imposa, dans un premier temps, des TAC, taux admissibles de captures. Décision très vite détournée de ses objectifs, lesdits TAC – quotas de pêche pour le grand public –, au lieu de ralentir la course à la productivité, la relancèrent.

Bruxelles mit alors en place le POP, Plan d'orientation pluriannuel, dont l'objectif visait à réduire les flottilles européennes. Cette nouvelle politique, plus radicale, eut une fois encore l'effet inverse de celui escompté. Ces mesures, sans décourager les grosses armadas industrielles, avancèrent l'heure de la retraite de milliers de petits marins pêcheurs, décidés à profiter de « la prime à la casse » bruxelloise et à percevoir les dividendes d'une carrière trop longue et passablement chaotique. À l'image de Douarnenez, le littoral français s'est vidé : 9 000 bateaux de moins de douze mètres en 1988, 4 000 seulement quinze ans plus tard !

Les pouvoirs publics tergiversaient, le pillage des océans se poursuivait. En 1992, pour le cinq centième anniversaire de la découverte de Terre-Neuve, les Canadiens décrétèrent la fermeture de la pêche à la morue. Nous aurions dû prendre les mêmes décisions en mer du Nord, la situation l'exigeait. Dès 1984, les scientifiques de l'IFREMER, Institut français de la recherche pour l'exploitation de la mer, avaient tiré la sonnette

CONSommateurs, révoltons-nous !

d'alarme : le cabillaud était menacé d'extinction. Devant la résistance à Bruxelles de la pêche industrielle et l'inefficacité du renforcement des quotas de pêche, le commissaire européen Franz Fischler dut se résoudre, en 2002, à sévir, proposant, suivant en cela les recommandations de l'IFREMER, la fermeture de certaines zones de pêche et le désarmement d'une partie de la flottille européenne... moyennant subventions bien évidemment. Les syndicats de pêcheurs crièrent au scandale, appelèrent Jacques Chirac à la rescousse.

Le vendredi 15 décembre 2002, à l'issue du sommet européen de Copenhague, le président de la République déclarait, à la surprise générale : « *Si, comme le fait la Commission, on explique qu'il faut supprimer les pêcheurs pour protéger les poissons, vous admettrez qu'il y a là un problème.* » Jacques Chirac, remettant en cause les chiffres fournis par Bruxelles, exigea qu'une « *vraie étude de fond, scientifique, soit faite pour dire la réalité de l'évaluation de la ressource et des mesures qui doivent être prises pour la protéger* ». À l'IFREMER, cette attaque frontale du président contre la recherche publique fut très mal perçue. À l'Élysée, on prétendit que la déclaration ne visait pas l'IFREMER, mais « *les travaux sur lesquels s'appuie la Commission, qui ne sont pas confrontés aux observations des pêcheurs* ». Pas de chance, c'étaient justement les travaux menés par l'IFREMER sur le cabillaud qui étaient à l'origine du plan de sauvetage proposé par Franz Fischler. Preuve que, pour faire une politique correcte, il faut avoir les bonnes informations.

Les injonctions du président Chirac n'ont pas été suivies d'effet. Ce n'est pas la première fois. Alain Biseau, responsable du laboratoire de ressources halieutiques de l'IFREMER, faisait remarquer : « *Si, au lieu de cent vingt personnes, nous étions trois cents à travailler sur le sujet, nous pourrions peut-être affiner certaines données, mais les grandes tendances ne changeraient pas.* » L'Union européenne a décidé – elle a voulu ménager la chèvre et le chou – de réduire de 50 % seulement les quotas de pêche en mer du Nord, mécontentant tout le monde, les pêcheurs d'abord, les scientifiques ensuite qui assurent que cette mesure n'aura pas d'impact significatif sur la repopulation des gisements. Le cabillaud connaîtra-t-il le même sort que le saumon de l'Atlantique ? Pas impossible, malheureusement.

Le saumon, poisson migrateur par excellence, a pratiquement disparu à l'état sauvage. Au début du XXe siècle, rivières et fleuves français regorgeaient à ce point de saumons que, sur les bords de la Seine et de l'Adour, les ouvriers avaient fait préciser dans leur convention collective qu'on ne leur servirait pas plus de deux fois par semaine ce poisson sauvage. En 2004, dans les restaurants scolaires ou d'entreprises, c'est l'indigestion de saumon d'élevage que les habitués redoutent. Les barrages, la pollution industrielle, l'insouciance des pêcheurs ont eu raison de ce nageur de fond qui n'hésitait pas à parcourir des milliers de kilomètres depuis le Groenland, avant de remonter les fleuves français pour se reproduire ou mourir.

Progressivement, le saumon sauvage a été remplacé sur les étals par un lointain cousin, engraissé dans les premières fermes marines du nord de l'Europe. Avec les salmonidés, l'aquaculture a enregistré un essor sans précédent : en 1970, la Norvège ne produisait que du saumon sauvage ; en 2003, 500 000 tonnes de saumon d'élevage. L'étendue des dégâts, on la perçoit véritablement sur place, à Stavanger par exemple, porte d'un des plus beaux fjords de Norvège.

Le hors-bord file à vive allure sous le ciel bleu. Quelle chance ! Il pleut habituellement en cette saison. Une ferme de saumons en vue, minuscule dans ce décor monumental. Dès l'accostage, au revoir les beautés de la nature, le visiteur est invité à tremper ses semelles dans un liquide désinfectant, à enfiler des protège-chaussures en plastique, à revêtir un gilet de sauvetage ; enfin il peut pénétrer dans l'enceinte. La ferme appartient à Marine Harvest, un groupe aquacole – les capitaux sont suisses – qui a pignon sur mer au Chili, au Canada, en Écosse, en Irlande, et contrôle toute la filière de production, depuis la recherche et la sélection génétique des souches de reproducteurs jusqu'à la livraison en magasin des pavés de saumon, en passant par la fabrication des aliments, l'abattage et la transformation.

L'aquaculture, vous devez le savoir, n'est plus une activité de pêcheurs, de « travailleurs de la mer ». Après la grave crise de surproduction des années 1990, des centaines de fermes installées dans les fjords norvégiens ont dû fermer. Une poignée de multinationales, telle Marine Harvest, ont ramassé la mise. C'est que dans ce secteur d'activité, il faut avoir les reins solides : « s'offrir » une ferme de taille moyenne, susceptible de produire environ 350 000 saumons par an, c'est d'abord s'acquitter de 625 000 euros pour acquérir une licence gouvernementale, puis investir au minimum 2 millions d'euros dans les installations. Pas question de gaspiller. Traçabilité, sécurité, efficacité, rentabilité, productivité... sont les leitmotive de ces unités, entièrement sous contrôle. La qualification, l'initiative, l'humanisation, le plaisir, on ne connaît pas. Taylor[1] peut être satisfait, son organisation scientifique du travail industriel a encore des adeptes.

Et les saumons, dans tout ça ? À côté de la maison rouge, qui abrite la machinerie et les stocks de granulés, ils nagent dans des cages flottantes, ceinturées de grands filets suspendus pour décourager les éventuels

---

1. Frédéric Winslow Taylor (1856-1915), fondateur du *management* scientifique du travail, qui fit passer l'art, le savoir-faire d'un petit nombre au *savoir-refaire* du plus grand nombre en formalisant et standardisant les méthodes, les outils, les connaissances.

Poissons

déserteurs. Il arrive qu'un saumon, lassé de cette existence monotone, bondisse hors de l'eau ; le guide
explique : « *Quand ils remuent la queue, c'est signe qu'ils
sont heureux.* » On veut bien le croire, on préférerait que
le saumon le dise lui-même. Dans chacune des huit
cages – 24 mètres de large, 20 mètres de long, 20 mètres
de hauteur, l'équivalent d'un immeuble de sept étages
–, 100 000 saumons tournent en rond. C'est la norme :
25 kilos par mètre cube, soit cinq ou six sujets en fin
de cycle, d'environ 4,5 kilos, qui se frôlent en permanence les écailles et la queue. Combien de ronds dans
l'eau le captif doit-il effectuer pour parcourir autant de
kilomètres que le migrateur depuis la Loire jusqu'au
large du Groenland, et retour ? Le guide soupire, ne
répond pas.

Récemment, la question des antibiotiques a été
remise à l'ordre du jour... pour de basses considérations
commerciales. Protectionnisme, quand tu les tiens ! Le
problème n'est pas nouveau. En la matière, les Norvégiens n'ont pas toujours eu bonne réputation ; comme
la truie d'élevage bretonne, le saumon a longtemps res-
semblé à une pharmacie ambulante. Les chiffres fournis par le ministère de la Pêche sont éloquents – pour
peu qu'ils n'aient pas été falsifiés : en 1985, les fermes
norvégiennes ont utilisé près de 50 tonnes d'antibiotiques pour élever 100 000 tonnes de saumons ; en
2003, la vaccination étant devenue systématique et
les élevages moins concentrationnaires, seulement
2 tonnes d'antibiotiques ont suffi pour 500 000 tonnes
de poissons.

Soudain, au-dessus des cages, un tuyau en plastique
gris crache une giclée de petits granulés noirs. C'est
l'heure de la pâtée. Pour éviter les gaspillages et entretenir leur appétit, les saumons reçoivent des quantités
réduites, à intervalles réguliers. Au poste de contrôle,
un employé s'assure, sur des écrans de télévision, du
bon déroulement des opérations.

CONSommateurs, révoltons-nous !

C'est qu'il n'y a pas de temps à perdre, la vitesse de croissance des saumons répond à des impératifs : fraîchement débarqués de la nursery, les jeunes smolts[1] – ils pèsent 113 grammes – sont plongés dans l'eau salée des fjords ; en quatorze mois, ils doivent prendre 4,4 kilos, en se satisfaisant de 5,3 kilos de granulés. Les marges des aquaculteurs norvégiens sont apparemment aussi serrées que celles des producteurs de porcs bretons.

Que contiennent les granulés ? Tout le monde se pose la question, en premier lieu LES CONSommateurs. Les aquaculteurs refusent de répondre. Parce que les farines d'origine animale terrestre sont interdites depuis 1996, la composition des granulés noirs résulte d'un subtil équilibre entre les exigences zootechniques et les contraintes économiques, elle varie donc en fonction du cours des matières premières. Au menu du saumon d'élevage : farines et huiles de poisson, huiles végétales, blé, vitamines, sels minéraux et un peu d'astaxanthine de synthèse pour colorer sa chair en rose ; le saumon sauvage, lui, se goinfre de crevettes.

Grâce à l'aquaculture, la pêche « minotière » connaît – quel paradoxe ! – un regain d'activité ; les bateaux-usines raclent les fonds marins pour récupérer de quoi élaborer de la farine de poisson – environ 4 kilos de poisson sont nécessaires pour obtenir 1 kilo de chair de saumon. Vous rendez-vous compte de l'ineptie économique du procédé ? Sur les 120 millions de tonnes de poisson pêchées chaque année dans le monde, 30 millions sont destinées à l'aquaculture. « *Les poissons entrant dans la composition des farines ne sont pas des espèces commercialisables* », assènent avec cynisme les professionnels de l'aquaculture. Et pour cause... Il s'agit, pour la plupart, d'espèces que vous, CONSommateurs occidentaux, vous obstinez à bouder. Avez-vous conscience, quand

1. Petits saumons de printemps.

vous refusez un maquereau ou un hareng, qu'il revient dans votre assiette sous forme de pavé ou filet de saumon, après un détour par une usine de farine, une ferme d'élevage et un abattoir ? La pêche « minotière » – elle fait hurler, à juste titre, les défenseurs de l'environnement –, outre qu'elle accentue la diminution des ressources marines, prive de nourriture les espèces sauvages. Nous n'irons pas jusqu'à affirmer que les industriels de l'aquaculture se réjouissent chaque fois qu'un poisson sauvage meurt, c'est néanmoins une part de marché gagnée pour le poisson d'élevage.

« *Aujourd'hui, nous sommes parfaitement capables d'engraisser du saumon avec des granulés 100 % végétaux* », ont l'outrecuidance de prétendre les professionnels de l'élevage. Point de scrupules écologiques derrière le propos, mais une effrayante réalité : les aquaculteurs envisagent sérieusement de remplacer les farines de poisson par du soja et des céréales. ILS suivent attentivement les cours de la Bourse de Chicago, prêts à se précipiter sur les matières végétales le jour – peut-être pas si lointain, pillage de la mer oblige – où elles coûteront moins cher que les huiles de poisson.

Les contribuables européens sont en droit de s'étonner que Bruxelles finance en Norvège le programme de recherche RAFOA, *Research Alternativ for Fish Oil in Aquaculture*, visant à remplacer les farines de poisson par des huiles végétales, notamment de soja. La dépendance de l'Europe vis-à-vis du soja américain ou brésilien pour la nourriture des vaches et des cochons n'est plus à démontrer ; on n'ose pas imaginer ce qui se passera quand les poissons mangeront les mêmes saletés que les mammifères.

CONSommateurs, posez-vous la question : êtes-vous prêts à ingurgiter du poisson nourri uniquement avec des céréales de soja, quand bien même elles seraient garanties non transgéniques ? La question préoccupe également les aquaculteurs. Ce serait une première

CONSommateurs, révoltons-nous !

dans l'histoire de l'humanité, c'est la raison pour laquelle ILS sont en train de mettre en place un grand chantier de communication, pour préparer les esprits, en réalité pour mieux nous « baiser », pour continuer à nous faire prendre des vessies pour des lanternes.

Autre solution envisageable, mais peut-être les aquaculteurs y ont-ils déjà songé car elle est simple : au lieu de pêcher le maquereau ou le hareng, pourquoi ne pas l'élever avec du soja et des céréales, puis le transformer en granulés pour nourrir les espèces dites nobles ? Ainsi le poisson continuerait à manger du poisson, l'ordre naturel serait respecté et vous débarrassés de vos scrupules... pour le cas où vous en auriez.

À la ferme de Marine Harvest, les saumons ont atteint la taille idéale. À l'aide d'une pompe, ils sont évacués vers le bateau-vivier, puis conduits à l'abattoir, anesthésiés dans un bain de glace et de gaz carbonique. Un coup de couteau dans l'ouïe, ils se vident de leur sang. Quelques heures plus tard, ils trônent, entiers, en filets ou pavés, sur l'étal d'une poissonnerie de la grande distribution, quelque part en Europe.

Aux anges, la grande distribution mondiale est aux anges ! L'aquaculture lui apporte sur un plateau du poisson frais, tracé, contrôlé, calibré pour la barquette, au même prix tout au long de l'année. Foin des marins pêcheurs et de leur poisson qui a séjourné on ne sait combien de temps sous la glace, dans la cale du bateau !

Grâce à l'élevage, la consommation du poisson – argument massue de l'aquaculture – s'est démocratisée. En 1970, un smicard gagnait de quoi acheter 6 kilos de saumon frais par mois, en 2003, il pourrait s'en offrir 160. C'est ce qui vous attend, CONSommateurs. Du saumon, de la truite, du bar, de la dorade, du turbot et bientôt du cabillaud, tous les jours à la cantine ! Vous allez vous régaler...

Le plaisir de manger un poisson savoureux, vous ne saurez plus ce que c'est. L'idée même de ce plaisir ne

Poissons

vous effleurera plus. Faute de référence, vous ne saurez plus faire la différence. Ce jour-là, grâce à vous, les aquaculteurs crieront victoire. L'élevage s'affichera comme le standard de la poissonnerie. Saumon, truite, bar, dorade, turbot de ferme occupent déjà les premières places sur les étals ; le remplaçant du cabillaud sauvage s'apprête à débarquer en fanfare dans les poissonneries. La grande distribution l'attend avec fébrilité, les mauvais poissonniers aussi. Les carnets de commandes des fermes norvégiennes sont déjà pleins.

Cabillaud ou saumon, vous devrez choisir votre camp, à moins que vous ne préfériez le merlu, le maigre, le flétan ou l'exotique tilapia, leur arrivée sur les étals est, paraît-il, imminente.

Cochon

« *Les cochons, comme les bœufs, sont nourris sans sortir, dans des loges fermées et sur des planches percées... On ne peut se défendre d'un sentiment pénible en voyant ces pauvres bêtes... Ces fabriques de viande où l'animal est traité comme une machine ont quelque chose de rebutant... Mais la grande voix de la nécessité parle ; il faut à toute force nourrir cette population qui s'accroît sans cesse et dont les besoins augmentent plus vite que le nombre ; il faut abaisser autant que possible le prix de revient de la viande pour s'accommoder aux prix nouveaux et y trouver encore des bénéfices... Déjà des plaintes s'élèvent sur la qualité de la viande, on dit que les tourteaux lui communiquent un mauvais goût... Il est possible aussi que quelque maladie nouvelle se développe tout à coup parmi ces races inertes et obèses.* »

Le style vous surprend un peu... le style seulement, les faits vous sont familiers. Et pourtant... Le texte a été écrit en 1854, sous le règne de Napoléon III. Au retour d'un voyage en Grande-Bretagne, l'auteur, Léonce de Lavergne[1], économiste libéral – il influencera la politique agricole française –, dissimule mal dans ses propos son admiration pour l'avant-gardisme des Anglais.

Les premiers élevages industriels échouèrent rapide-

1. *Essai sur l'économie rurale de l'Angleterre*, Paris, Guillaumin, 1854.

Cochon

ment tant en France qu'en Angleterre : sans antibiotiques – découverts au xxᵉ siècle seulement –, les animaux mouraient dans leur univers concentrationnaire. Une chance pour **le cochon** français, même si dans les campagnes sa vie n'était pas toujours rose ; il gagna ainsi un siècle de répit !

Il fut un temps où, dans chaque ferme, on engraissait deux ou trois cochons pour faire face à la consommation familiale. Lourds et gras, ils étaient abattus à l'entrée de l'hiver, pour la Saint-Martin, ou au début du printemps, pour célébrer la fin du carême. L'animal vivait à la va-comme-je-te-pousse, les restes de la table le contentaient, l'eau de vaisselle allongeait sa soupe, il glanait, selon l'abondance des récoltes, quelques pommes de terre, topinambours ou betteraves ; sa soue, habitat des plus sommaires, était mal aérée, peu éclairée, glacée et humide en hiver. Il y avait autant de races que de cochons, le paysan ne s'embarrassait pas de génétique ; les statistiques de 1935 révèlent que deux tiers des cochons français étaient de race indéterminée. Quelques races régionales finirent par s'imposer : cul noir du Limousin, porc de Bayeux, porc basque, porc gascon, porc de Miélan, blanc de l'Ouest, craonnais...

Les premières porcheries dignes de ce nom s'installèrent à proximité des fromageries. Les cochons nourris au petit lait étaient très appréciés des charcutiers. En 1930, le directeur des services agricoles de la Savoie ne s'en cachait pas : « *Au cours des vingt dernières années, le plus clair des bénéfices dans la fabrication du gruyère a parfois consisté dans les profits que donnait aux fruitières la vente des porcs gras.* »

Les porcheries se multiplièrent à la périphérie des grandes villes[1]. Une réussite ? Pas vraiment. Les cochons, certes, recyclaient les déchets alimentaires des restaurants, hôpitaux et casernes, mais les citadins se

---

1. En 1955, on recensait 300 porcheries dans la banlieue parisienne.

plaignaient des odeurs, des mouches et des rats, corollaires de la nouvelle « industrie ». Le cochon avait mauvaise réputation. En 1935 – on a apparemment beaucoup réfléchi dans ces années-là –, l'Administration envisagea de rassembler en un lieu unique ces « *exploitations en état de contravention permanente qui constituent un défi à la santé publique* ».

C'est alors qu'un porc d'origine anglaise, le *Large White* – « large ouite » dans nos campagnes –, commença à faire parler de lui. Doté d'une solide musculature et d'une fécondité exceptionnelle, deux qualités qui faisaient défaut à la plupart des porcs français, le Britannique avait tout pour séduire les éleveurs en quête de gains de productivité. En 1955, après avoir triomphé de toutes les races locales, le *Large White* s'imposait dans le Bassin parisien, le nord du Massif central, une partie de l'est de la France, et s'apprêtait à conquérir la Bretagne. À l'aube des années 1960 – avant que le *Large White* ne colonise la totalité du territoire –, le recensement agricole révélait que 95 % des troupeaux porcins comptaient moins de cinq truies. La belle époque ! Les cochons avaient du lard sous la couenne. Plus pour longtemps. Une révolution se préparait.

Dans les villes qui se développaient, les ouvriers réclamaient de la viande bon marché. Dans les campagnes, les agriculteurs espéraient gagner un peu mieux leur vie. Selon les planificateurs, formels, il fallait rationaliser la production. S'inspirant du modèle anglo-saxon, les Français implantèrent les premières usines à cochons, des élevages hors sol dans le jargon du métier. De la naissance jusqu'au départ pour l'abattoir, le cochon vivait avec quelques centaines de ses congénères claquemuré dans un bâtiment. Les premières expériences furent plus ou moins heureuses : le cochon, comme la poule pondeuse, vécut mal son enfermement. D'autant qu'il n'était pas là pour faire du gras ! Les éleveurs lui demandaient de manger peu et de grossir vite, un point c'est tout.

En quête de l'hybride idéal, les généticiens accouplèrent le *Large White* avec le *Land Race*, d'origine danoise. Hourra ! Les truies hybrides cochonnèrent[1] comme des lapines : Huit... dix... douze... quinze porcelets par portée ! En vingt ans de sélection génétique, un bonus de cinq gorets !

La truie n'avait pas le loisir de materner : trois semaines après leur naissance, les porcelets étaient sevrés et castrés ; l'éleveur leur coupait la queue et leur arrachait les dents pour désamorcer tout velléité de cannibalisme. Il faut dire qu'à quinze par case, à force de tourner en rond, ils se bouffaient entre eux, histoire de tromper l'ennui. D'où l'invention d'un industriel danois, la « *mordille* », première queue de porc artificielle : « *Cette tige en plastique* – précisait le prospectus dans un français approximatif – *rappelle tellement la queue des porcs qu'ils la préfèrent sans doute plutôt que la queue du voisin.* » Les porcs piétinaient sur un caillebotis, excréments et urine s'évacuaient directement dans une fosse ; l'atmosphère était irrespirable, à la limite de l'asphyxie par l'ammoniac ; la paille était réservée aux plus chanceux.

Enfin, bonne nouvelle, Bruxelles se décida à légiférer sur leur bien-être. « *Tous les porcs doivent pouvoir accéder en permanence à une quantité suffisante de matériaux permettant des activités de recherche et de manipulation suffisantes, tels que la paille, le foin, la sciure de bois, le compost de champignons, la tourbe ou un mélange de ces matériaux, qui ne compromette pas la santé des animaux* », précise l'arrêté paru au Journal officiel du 2 janvier 2003. Les éleveurs de porc, comme c'était prévu, ont pesté contre ces nouvelles directives, puis se sont apaisés après que Bruxelles eut mis la main à la poche pour financer les investisse-

---

1. Vieil usage du verbe cochonner : mettre bas, en parlant de la truie.

CONSommateurs, révoltons-nous !

ments nécessaires et que les syndicats, malins, leur eurent expliqué que « *c'était bon pour l'image auprès du consommateur* ». Tout de suite, leur humeur s'est améliorée.

Dans les élevages concentrationnaires, les maladies sont fréquentes et les dépenses vétérinaires, non négligeables, augmentent proportionnellement au nombre d'animaux. La piqûre d'antibiotiques est toujours à portée de main... sauf que lesdits antibiotiques ne sont pas employés uniquement pour soigner les bêtes. Les éleveurs y ont également recours pour activer la croissance de leurs animaux – les hormones favorisent celle des bovins[1]. Ces médications agissent sur la flore intestinale du porc et accélèrent l'absorption des nutriments. Selon une étude de la FEDESA, Fédération européenne de la santé animale, « *les animaux de rente ont consommé 35 % (4 700 tonnes) de tous les antibiotiques administrés dans l'Union européenne en 1999 et les humains 65 % (8 005 tonnes). Dans le volume d'antibiotiques administrés aux animaux, 3 900 tonnes (soit 29 % du total) l'ont été pour soigner des animaux malades et 786 tonnes (soit 6 % du total) ont servi de facteurs de croissance dans l'alimentation d'animaux d'exploitation* ». Petite lueur d'espoir dans ce tableau bien sombre : « *La quantité d'antibiotiques utilisés comme facteurs de croissance a chuté de 50 % depuis 1997, année où les animaux en consommaient environ 1 600 tonnes sous forme d'additifs dans l'alimentation.* » Rassurés, CONSommateurs ?

Vous êtes effectivement en droit de vous demander pourquoi les pouvoirs publics ne mettent pas un terme à ces pratiques irresponsables et dangereuses pour notre santé. Vous n'avez pas tort, à trop gaver d'antibio-

1. Pratique interdite dans l'Union européenne, mais courante aux États-Unis.

tiques porcs et poulets, on ne fait qu'accroître la résistance des bactéries. Les animaux sont les premières victimes, des maladies nouvelles font leur apparition dans les porcheries ; les vétérinaires, impuissants, abdiquent. Ce fut le cas en 1996, en Bretagne, où les jeunes porcs fondirent sur pied en quelques heures, terrassés par la MAP, Maladie d'amaigrissement du porcelet, aucun cocktail d'antibiotiques ne parvenant à éradiquer cette mystérieuse affection.

Vous vous inquiétez ?... Il y a de quoi.

D'autant que les conclusions des XIIe Rencontres européennes des spécialistes de la grippe et de sa prévention, à Biarritz, en septembre 1998, ne sont guère rassurantes : « *Avec ses 12 millions de porcs, ses 500 millions de poulets, ses 10 millions de canards et ses 2 870 000 d'habitants, la Bretagne réunit toutes les conditions pour donner naissance à un nouveau virus grippal qui pourrait être aussi dangereux que celui de la grippe espagnole, qui en 1918 fit plus de 20 millions de morts rien qu'en Europe.* » Après la grippe espagnole et la grippe aviaire, la grippe bretonne ? Qu'est-ce qui nous prouve que tout danger est écarté ?

L'heure de la pâtée a sonné. Dans la porcherie, la distributrice automatique se met en route. Tel le chien de Pavlov, le porc, dans un concert de couinements, se précipite vers l'auge, plonge le groin dans une bouillie marronnasse, ne le relève qu'une fois la « gamelle » terminée. La soupe, préparée avec des farines du commerce, n'est pas toujours la même. Non que les éleveurs s'inquiètent de la qualité de vie des cochons, mais les achats d'aliments représentent les deux tiers des dépenses d'élevage, c'est dire s'il faut calculer au plus juste. Les fabricants de farine ne se fournissent pas chez les paysans du coin – trop simple, surtout trop coûteux ; branchés sur la Bourse de Chicago, l'un des plus grands marchés de céréales du monde, ILS mélangent les matières premières en fonction des cours, jusqu'à atteindre le meilleur équilibre nutritionnel pour le porc... au moindre coût. La formule change au rythme des cotations. Toutes les matières premières ont leur chance, principalement quand elles sont bon marché : farine de poisson, farine de viande – interdite depuis la crise de la vache folle –, tourteau de soja – résidus des huileries américaines –, sous-produits divers à l'image du *corn gluten feed* américain – déchet de l'amidonnerie de maïs. Longtemps considéré comme la « poubelle » de la ferme, le cochon européen est devenu le « vide-ordures » de l'industrie agro-alimentaire mondiale. Voilà pourquoi les élevages industriels se concentrent aujourd'hui autour des grands ports bretons et hollandais. Au plus près des cargos. « *Loin des ports, pas de porc !* », entend-on dire dans la profession.

Êtes-vous bien conscients que cette mondialisation du marché des aliments du bétail n'offre aucune traçabilité ?

À l'âge de six mois, le malheureux cochon entend déjà le bruit du camion qui va le conduire à l'abattoir. Il ne pèse qu'une centaine de kilos, un poids plume comparé à ses ancêtres de la ferme qui passaient sous le couteau du charcutier à 180 ou 200 kilos. Le porc « moderne » fait – ce n'est pas le moindre des paradoxes – de moins en moins de gras ; il produit du maigre, encore du maigre, toujours du maigre !

Vous auriez la phobie des lipides ; c'est du moins ce que prétendent les hommes du « marketing ». Et quand ILS parlent...

... les généticiens exécutent avec empressement leurs diktats. En vingt-cinq ans, les hommes de science sont parvenus à remplacer 5 kilos de gras par 5 kilos de maigre. Sur la carcasse d'un porc charcutier de 100 kilos, la part des lipides a chuté de 40 % à 20 %. Le lard dorsal – matière première noble qui sert à fabri-

Cochon

quer les saucissons secs – a fondu, il mesure moins d'un centimètre d'épaisseur chez le *Large White*, génétiquement reformaté. Les races rustiques en offraient 10 à 15 centimètres... Où es-tu, bardière ?

Le goût de la viande de porc n'a pas survécu à cette chasse aux tissus adipeux ; rien que de très normal, c'est le gras qui donne la saveur. Trop vite engraissé, trop maigre, le cochon hors sol est devenu la honte des charcutiers. Dans la poêle, la côte de porc rend de l'eau, se ratatine, se dessèche et exhale autant de parfum qu'une fleur artificielle. En bouche, c'est une catastrophe.

Apparemment vous vous en contentez, puisque vous mangez invariablement 10 kilos de viande fraîche de porc par an depuis 1960[1]. Il est vrai que vous n'avez guère le choix : toute l'offre, ou presque, émane d'élevages hors sol intensifs comme celui que nous avons visité.

Pour échapper à cette standardisation, quelques éleveurs se sont reconvertis dans le porc dit « fermier » ou « label Rouge », mais ils n'approvisionnent que 2 % du marché ; vous ne semblez cependant pas avoir mordu à ce nouvel hameçon « marketing ». Vous n'avez pas tort, ces modes de production alternatifs n'apportent aucune plus-value gustative, pour la simple raison qu'ils ne remettent pas en question les fondements de l'élevage industriel, le choix de la race, ni la durée de l'élevage. Qu'il soit « fermier » ou « label Rouge », élevé partiellement en liberté ou incarcéré, le porc est toujours du *Large White*, sélectionné pour sa faculté à produire du maigre en moins de sept mois. « *Nous n'avons pas de races comme sur les bovins, le goût du produit est homogène, quel que soit l'opérateur qui l'a produit* », avoue René Bonomi, directeur « marketing » de la Cooperl, premier opérateur français de porc[2].

---

1. Avec la charcuterie, la consommation grimpe à 35 kilos.
2. *LSA*, 20 février 2003.

CONSommateurs, révoltons-nous !

Vous devez savoir que les races rustiques françaises, si elles n'ont pas toutes disparu, sont au bord de l'extinction [1] : porc de Bayeux, porc gascon, cul noir du Limousin... sont en grande difficulté. Quelques éleveurs résistent toutefois au productivisme pour redonner de l'éclat à ces trésors menacés de notre patrimoine. Élevés selon les règles de l'art, avec une alimentation à base de céréales et de pommes de terre, abattus à l'âge de 12 mois, quand ils ont atteint 150 à 180 kilos et présentent une épaisseur de lard de 8 à 10 centimètres, ces cochons fournissent une viande rouge persillée, fondante et savoureuse. De la viande de cochon, pas de la cochonnerie !

Les marchands de productivisme nous répètent inlassablement d'un air apitoyé : « *C'est bien joli vos histoires de races rustiques, mais le consommateur ne veut pas entendre parler de gras. Et vous croyez que c'est un modèle économique viable.* » Cause toujours, productiviste ! Encore faudrait-il que LES CONSommateurs aient la possibilité d'apprécier la différence entre un *Large White* industriel et un cul noir du Limousin fermier. Ce privilège est réservé à quelques gastronomes avertis. Quant à la « viabilité économique du modèle », parlons-en !

Depuis deux ans, le monde porcin vit une crise sans précédent. Combien de préfectures et de bâtiments officiels portent encore les traces des attaques incendiaires des producteurs bretons en colère ? Combien de plans d'aides d'urgence ont été marchandés à Bruxelles pour compenser la chute chronique du cours du porc ? Il est descendu en dessous de 1 euro alors que les producteurs déclarent des coûts de production de 1,40 euro le kilo ; la concurrence entre les pays européens n'a jamais été aussi rude. Dans la grande distribu-

---

1. En 1929, 160 000 têtes de cul noir du Limousin ; aujourd'hui, on ne dénombre que 150 mères en production. Le Syndicat des éleveurs de porc cul noir a été créé en 1993 pour sauver la race.

Cochon

tion, ILS gagnent néanmoins de l'argent. Les salaisonniers se fournissent chez les plus offrants. Un transporteur hollandais, dont l'un des camions fut saccagé, dans la nuit du 7 décembre 2003, par un groupe d'éleveurs bretons en colère, a dévoilé le caractère ubuesque de la situation : « *On ne peut pas vouloir exporter et refuser des importations. Je livre en France cinq à six camions de viande de porc hollandaise par semaine, mais je charge en Bretagne vingt camions de viande de porc par semaine à destination de la Hollande.* » Qu'il soit danois, espagnol, hollandais, belge, allemand, breton, champenois – pourquoi pas brésilien[1] demain ? –, partout le porc est logé à la même enseigne industrielle. Pourquoi acheter « français » quand on peut trouver beaucoup moins cher ailleurs ?

Quant aux éleveurs qui préfèrent le *corn gluten feed* américain aux céréales françaises pour nourrir leurs cochons, ILS sont mal placés pour dispenser des leçons de civisme économique. En 2002, lancement tambour battant de l'opération VPF, viande porcine française ! Ça ne manquait pas de culot, et la filière espérait renouveler le coup médiatique des industriels de la viande bovine et du logo VBF. Seulement voilà, pour une fois, la grande distribution n'a pas marché dans la combine...

Que n'a-t-on répandu comme idées fausses sur le porc et l'environnement ! Contrairement à ce qui se répète à l'envi, ce n'est pas le cochon qui pollue les rivières et les nappes phréatiques, mais l'éleveur. Une étude récente, publiée par le ministère de l'Agriculture, précise que sur 1,4 million de tonnes d'azote d'origine

---

1. Au Brésil, la production de porc explose, à des prix défiant la concurrence européenne, notamment sur les nouveaux marchés, en Russie et en Asie.

organique rejetées dans la nature chaque année, 75 %
proviennent des fumiers de bovins et seulement 8 %
des lisiers de porcs. Si les cochons étaient nourris,
comme les vaches, avec les fourrages et les céréales
cultivés sur l'exploitation, l'éleveur disposerait de surfaces suffisantes pour épandre les déjections animales.
Ce qu'on appelle une gestion agronomique ou écologique du cycle de l'azote. Malheureusement, c'est le
modèle intensif hors sol qui a été retenu, dans lequel
le cochon est nourri avec les aliments du commerce ;
par ailleurs, en concentrant plus de la moitié de la production porcine dans une seule région, la Bretagne, on
courait forcément à la catastrophe. L'étude du ministère de l'Agriculture le confirme : « *L'équilibre entre les
rejets et les superficies est d'autant plus difficile en Bretagne
que l'on y dénombre 55 % des porcs, 33 % des poulets, 44 %
des dindes et des poules pondeuses. Les élevages y sont aussi
plus gros et disposent des plus faibles superficies par animal.
Les élevages de porcs et de volailles produisent en moyenne
420 kilogrammes d'azote organique par hectare de superficie
épandable dans le Finistère, 390 dans les Côtes-d'Armor, 360
dans le Morbihan et 325 en Ille-et-Vilaine. Les élevages hors
sol bretons sont également implantés dans des zones où les producteurs de bovins ont besoin de leurs terres pour leurs animaux. D'où la difficulté à recycler l'ensemble des 217 000
tonnes d'azote organique de la région.* »
    La Bretagne a ainsi le triste privilège d'être la seule
région de France entièrement classée en zone « vulné-
rable », au titre de la directive européenne du
12 décembre 1991, relative à la lutte contre la pollution
des eaux par les nitrates. Contrairement à ce que certains essaient de nous faire croire, la situation n'est pas
près de s'améliorer ; l'Institut français de l'environnement a relevé « *une progression constante de la teneur des
eaux en nitrates entre les deux campagnes de surveillance réali-
sées respectivement en 1992-1993 et 1997-1998* ». En 1998,

seulement 7 % de la population bretonne disposait d'eau potable au robinet !

Nouvel épisode du feuilleton... Aux termes du PMPOA, Programme de maîtrise des pollutions d'origine agricole, accord signé en octobre 1993 entre les ministères de l'Agriculture et de l'Environnement et les organisations agricoles, près d'un milliard d'euros de subventions était débloqué pour aider les agriculteurs à se mettre aux normes. *« Les pouvoirs publics paient pour que des normes, obligatoires par définition, soient appliquées »*, rapportait, le 19 mars 2003, avec une certaine insolence mais beaucoup de lucidité, l'Office parlementaire d'évaluation des choix scientifiques et techniques. De son côté, la Cour des comptes épinglait le gouvernement en soulignant que le PMPOA avait coûté deux fois plus cher que prévu. Et pour quels résultats, une telle gabegie ?

Le feuilleton n'était pas terminé... Le PMPOA changea de nom, devint PMPLEE, Programme de maîtrise des pollutions liées aux effluents d'élevage. La différence entre le PMPOA et le PMPLEE ne saurait vous échapper. Une somme de 1,3 milliard d'euros a été votée au budget. L'agriculteur – c'est le moins qu'il puisse faire – est désormais tenu de présenter un projet agronomique pour obtenir des soutiens ; cela afin d'éviter le détournement des subventions vers des investissements dont le seul but serait d'accroître la productivité de l'exploitation, et par voie de conséquence ses effets néfastes sur l'environnement, comme ce fut, malheureusement, souvent le cas dans le cadre du précédent programme.

Vous pouvez toujours rêver, CONSommateurs, rêver...

Fromages

Au rayon **fromages** d'une grande surface de la banlieue lyonnaise.

— Une part de roquefort, s'il vous plaît.

– Je vous conseille le saint-agur, il est en promotion, suggère l'employée, jeune, souriante, coiffe blanche, tablier à carreaux.

— Le saint-agur, c'est du roquefort ? s'enquiert d'abord surprise, ensuite inquiète, la cliente, avertie que toute enseigne de la grande distribution qui se respecte propose au moins huit marques de roquefort.

— C'est pareil ! répond la vendeuse d'un air convaincu.

Le paysage fromager français ne saurait échapper aux ravages du « marketing ». C'est ainsi que depuis quelques années **le roquefort** et **le saint-agur** se livrent une guerre sans merci. Théâtre des combats : les linéaires de la grande distribution.

À Roquefort-sur-Soulzon, les touristes qui se pressent pour visiter les caves s'amusent de l'épisode qui aurait été à l'origine du roquefort : pour aller rejoindre sa promise, un jeune berger aurait abandonné son casse-croûte dans une anfractuosité de l'éboulis du rocher de Combalou, au sud du Larzac. Quarante jours plus tard,

Fromages

ô surprise, le fromage de brebis était couvert de moisissures et traversé de veinures bleutées. D'abord il hésita, puis, tenaillé par la faim, mordit à belles dents et s'enthousiasma pour ce qui allait devenir l'un des fromages français les plus connus dans le monde.

Le roquefort, fruit de l'alliance entre savoir-faire et terroir, décrocha le 26 juillet 1921 la première AOC, appellation d'origine contrôlée. Ce fromage au lait de brebis, affiné dans les caves de Roquefort-sur-Soulzon, en Aveyron, appartient à la famille des pâtes persillées. Stimulé par l'air froid et humide circulant dans les failles[1] du rocher, le *penicillium roqueforti*, champignon microscopique, creuse durant trois mois environ les cavités tapissées de moisissures bleues, caractéristiques du roquefort. Tributaire des aléas climatiques, de la qualité du lait des brebis et du talent des producteurs – ils ne sont plus que sept –, le fromage offre une variété de textures, une diversité de saveurs, une force et un caractère qui émeuvent les papilles, impressionnent le palais et invitent au plaisir.

Côté saint-agur, point de légende, point de terroir... mais une coalition entre la technologie et le « marketing ». Apparu sur les étals en 1988, pour plaire au plus grand nombre, séduire une nouvelle génération qui redoute les sensations fortes, il a nécessité trois années d'intenses recherches. Ce fromage, ou supposé tel, fabriqué avec du lait de vache, dans une usine qu'on aurait pu implanter à Laval, Berlin, Stockholm ou Chicago[2], offre le même profil organoleptique 365 jours sur 365, quels que soient le climat, la ration alimentaire de la vache... ou l'humeur du chef de fabrication. Cette pâte sans terroir ni saison ressemble à première vue à du roquefort, mais fond et glisse dans la bouche sans

1. À Roquefort, on les appelle fleurines.
2. L'usine est implantée à Saint-Germain-Laprade, en Haute-Loire. Nous n'avons pas eu l'autorisation de la visiter.

éveiller les sens, disparaît dans l'estomac sans même taquiner le palais. Lisse, fédérateur, consensuel, le saint-agur, que certains continuent à appeler du fromage, a rencontré un succès tristement fulgurant, contraignant le roquefort à lui abandonner en quelques saisons des milliers de parts de marché.

Mais le saint-agur n'est pas le seul : Chaussée aux moines, Cousteron, Étorki, Saint-Albray, Vieux Pané, Rustique, Camembert de Campagne, Fol Épi, Sylphide, Crèmerin... sont autant de créations industrielles qui surgissent sur les linéaires, toutes plus « marketées » les unes que les autres, pâles copies, aux parfums édulcorés et saveurs racoleuses, des fromages traditionnels.

Vous souvenez-vous, CONSommateurs, de l'opération médiatique organisée le 24 septembre 2002, dans le cadre prestigieux des Tuileries, par le CIDIL, Centre interprofessionnel de documentation et d'informations laitières[1] ? Les Parisiens étaient invités à s'extasier devant « la France aux mille fromages ». Mille fromages !... Le guide Androuet[2], bible des amateurs, recensait, à la fin des années 1970, 450 sortes de fromages, dont certains ont depuis disparu, tel le bleu de Thiézac, un Auvergnat. Mille fromages ! Quelle prétention de la part des initiateurs de la manifestation ! ILS se sont permis quelques libertés avec la réglementation, enrôlant pour les besoins de la cause – mauvaise en l'occurrence – des « à la manière de » qui, au regard de la loi, sont considérés comme des spécialités fromagères, rien d'autre que des spécialités fromagères. Le décret du 30 décembre 1988 est très précis sur ce point, il réserve le terme de « *fromage* » au « *produit, fermenté ou non,*

---

1. L'un des plus riches groupements interprofessionnels agricoles, financé par les producteurs de lait et la grande industrie laitière (Candia, Lactalis, Sodiaal, Bongrain...).

2. Éditions Stock.

obtenu par coagulation du lait, de la crème ou de leur mélange, suivi d'égouttage ». Sans ajout d'additifs autres que le sel et le ferment.

De quoi être dégoûté du fromage, du vrai, quand on lisait sur le catalogue de l'exposition[1] : N° 389, « fine bouche », spécialité fromagère, 3 % de matières grasses, teneur réduite en cholestérol. Curieux !... N° 507, « La vache qui rit », un soi-disant fromage dont la composition peut surprendre – interdiction de saliver ! – : « *Lait écrémé, beurre, fromages, protéines de lait, sels de fonte (polyphosphates, citrates, di-, tri- et orthophosphates de sodium, sel »*)... N° 856, « Sylphide », un fondant... N° 203, l'incontournable « Caprice des Dieux »... Pathétiques, les visiteurs qui quittaient l'exposition, serrant entre leurs mains, tel un talisman, l'assiette en plastique où d'insipides copies de fromages traditionnels tentaient de donner le change ! « La France aux mille fromages », sous la houlette d'un organisme d'État, ou dépendant de l'État, a cautionné industrie et « marketing », mieux, a joué leur faire-valoir, sous couvert de terroir et de tradition. Bel exemple d'arnaque médiatique !

Le détournement est flagrant, la Bretagne l'illustre magnifiquement. On pouvait lire dans le catalogue de l'exposition que « *longtemps, la langue bretonne a appelé formaj ou fourmaj, le seul pâté de porc ! Et a dû préciser "fourmaj lez" (fromage de lait) pour la crème de gruyère importée en Bretagne* ». Les Bretons transformaient encore l'ensemble de leur production laitière en beurre mais, dès les années 1960, l'industrie laitière choisit d'investir dans le fromage. **Le camembert** et **l'emmental**, dont malheureusement les appellations n'ont jamais été juridiquement protégées, devinrent les deux fleurons de la fromagerie bretonne. En 2004, 40 % de la production française d'emmental est bretonne. Au point que la

---

1. *Carnets de voyage, au cœur de la France des 1 000 fromages*, éditions Ouest-France.

CONSommateurs, révoltons-nous !

Bretagne revendique aujourd'hui une identité régionale pour ses fromages !

Témoin cette nouvelle version de l'arroseur arrosé. En janvier 2000, au nom de la défense de l'emmental breton, les syndicats agricoles du Finistère partirent en guerre contre les magasins Leclerc. Pendant cinq jours, le temps de l'opération promotionnelle « la tradition, ça a du bon », le distributeur avait vendu des emmentals allemands de moindre qualité, à prix sacrifié, sans préciser leur provenance étrangère. Quelques semaines plus tard, le Syndicat interprofessionnel du gruyère français poursuivait en justice les magasins Leclerc du Finistère pour avoir proposé de « faux emmentals » qui manquaient, paraît-il, de matière sèche et de calcium ; un bradage qui risquait d'avoir des répercussions sur la cotation du lait et de porter préjudice à l'image de marque de l'emmental régional « *de qualité* » (*sic*).

L'emmental et le gruyère, vous le savez, sont d'origine suisse, des fromages de montagne avant tout. Comme les pâtes pressées cuites, appelées également fromages de garde ou de report, ils étaient fabriqués traditionnellement dans les alpages, où le lait abondait au printemps et en été. À l'automne, les troupeaux redescendaient dans la vallée, les fromages aussi ; ils constituaient une part non négligeable du repas quotidien des paysans pendant l'hiver.

L'emmental – emmenthaler en Suisse –, en arrivant en France au XIXe siècle avec les immigrants de la région bernoise, ne perdit pas seulement son terroir, mais également son âme, car très vite la production de ce qu'on appelait à tort le gruyère[1] s'étendit à toute la Franche-Comté, la Savoie, la Lorraine, la Bourgogne, la Champagne, le Centre et la Bretagne.

---

1. La confusion est née du fait qu'en France le gruyère a longtemps désigné la famille des pâtes pressées cuites : gruyère de comté... gruyère de beaufort... gruyère d'emmental.

Fromages

L'emmental doit son expansion géographique à sa capacité à éponger les excédents laitiers : une seule meule absorbe 1 000 litres de lait. Pourquoi l'Allemagne, la Finlande, l'Autriche, l'Irlande et le Danemark se priveraient-ils d'en fabriquer ? Où les Holsteins « pissent le lait », l'emmental joue les serpillières. L'élaboration s'est dégradée. Les industriels ont réduit à quarante-deux jours – plusieurs mois sont nécessaires pour donner du caractère à ce fromage – l'affinage au cours duquel s'élaborent les arômes et les saveurs. Quarante-deux jours, c'était encore trop, ILS ont inventé l'affinage sous film plastique, l'emmenthal mûrit ainsi plus vite sans perdre de poids et – très étonnant – sans former de croûte[1] ! Ce procédé révolutionnaire permet d'obtenir des emmentals en forme de parallélépipèdes, dont les tranches régulières font le bonheur des fabricants de sandwichs et de croque-monsieur. Rien d'étonnant à ce que le résultat soit insipide, caoutchouteux, sans onctuosité ni goût. Qu'il soit breton, allemand, danois ou irlandais, l'emmental est fait pour séduire une clientèle avide de produits aseptisés et standardisés.

Vous devriez vous inquiéter, les chiffres ne plaident pas en votre faveur : vous avez consommé 178 352 tonnes de ce pastiche de fromage en 1983, 242 345 tonnes en 1998. Attention, si vous venez grossir les rangs de ces amateurs de virtuel, vous n'existerez bientôt plus. Fini le goût, finies les sensations, finie l'émotion ! Vous allez vous-mêmes devenir DES CONSommateurs virtuels.

---

1. L'affinage sans croûte est interdit en France par décret du 30 décembre 1998. En revanche, son importation en provenance d'Allemagne, du Danemark... est possible.

CONSommateurs, révoltons-nous !

Nombre de fromages traditionnels, **le camembert** en tête, ont été dévoyés par l'industrie.

Contrefaite dans le monde entier, mise en conserve aux États-Unis, en Australie, au Danemark, cette pâte molle d'origine normande a subi les pires humiliations. La production nationale est de 100 000 tonnes, mais seules 13 000 sont vendues avec l'appellation « camembert AOC de Normandie ». Président, Cœur de Lion, Rustique, Bridel... une dizaine de marques nationales se partagent le reste du marché avec un camembert standard, pasteurisé, sans relief, offrant un goût identique au fil des saisons. Depuis quelques années – bravo, CONSommateurs, vous seriez-vous ressaisis ? –, le chiffre d'affaires du camembert « marketing » a piqué du nez, les ventes ont chuté de 14 % entre 1997 et 2001, infligeant un manque à gagner de 42 millions de camemberts en cinq ans !

Seriez-vous saturés des fromages aseptisés ? C'est en tout cas ce que vous reproche Jean-Paul Torris, directeur général de la branche pâtes molles chez Bongrain[1] : « *Ce n'est pas le camembert qui a changé, ce sont les gens. (...) Les nouvelles générations, adeptes du prêt-à-manger et du snack, s'éloignent de fromages dont elles ne savent plus gérer le degré d'affinage.* » Jean-Louis Vidal, son homologue chez Président, n'hésite pas à enfoncer le clou : « *Les clients ont de plus en plus envie de produits immédiatement consommables.* » Un peu de pudeur, messieurs, même pasteurisé, fabriqué avec du lait de Holstein gavée d'ensilage de maïs, un camembert demeure un produit vivant, évoluant jour après jour d'une texture crayeuse vers un aspect plus coulant. À en croire les observateurs de nos comportements, ce qui faisait la qualité d'un fromage traditionnel serait devenu un han-

---

1. Groupe laitier français dont le portefeuille comprend près de 150 fromages et les spécialités fromagères « marketing » telles que Cœur de Lion et saint-agur.

Fromages

dicap ? Plutôt ahurissant, mais confirmé – c'est décourageant ! – par l'explosion des ventes du Crèmerin, la dernière création « marketing » du groupe Bongrain. Cette spécialité fromagère emprunte au camembert sa forme et son apparence extérieure ; pour le reste, les ingénieurs maison ont accompli une prouesse technologique, niant du même coup la nature intrinsèque du fromage : le Crèmerin offre, jusqu'à la date limite de consommation, une texture – dite « crémeuse » – et un profil aromatique – qualifié de « subtil » – invariables. Et dire qu'il fut un temps où nous nous gaussions du camembert américain en conserve ! Ciel, qu'allonsnous devenir ?

Le procès contre cette surenchère « marketing » serait instruit à charge si nous ne vous mettions en garde contre l'inquiétante dérive des fromages traditionnels. Plutôt que d'ancrer leur caractère dans le terroir, ils ont tendance à souscrire au nivellement par le bas insufflé par l'industrie.

Pas plus – mais pas moins – de quarante-deux fromages ont droit à une appellation d'origine contrôlée : roquefort, bleu de Gex, comté, bleu des Causses, maroilles, saint-nectaire, cantal, reblochon, laguiole, salers, beaufort, munster, géromé, neufchâtel, chaource, fourme d'Ambert, fourme de Montbrison, pont-l'évêque, pouligny saint-pierre, bleu d'Auvergne, livarot, selles-sur-Cher, chavignol, brie de Meaux, brie de Melun, ossau-iraty, mont d'or, broccio corse, camembert de Normandie, picodon, abondance, chabichou du Poitou, sainte-maure de Touraine, époisses, langres, rocamadour, bleu du Vercors, valençay, morbier, pélardon, chevrotin, tomme des Bauges et banon [1].

---

1. Dans l'ordre de leur apparition, de 1921 à 2003.

CONSommateurs, révoltons-nous !

Pouvez-vous, CONSommateurs, les acheter les yeux fermés ? L'AOC est-elle une promesse de plaisir ? Rien n'est moins sûr. Le cantal fabriqué avec un lait pasteurisé de Holstein nourrie à l'ensilage de maïs, affiné industriellement en quelques semaines, et le cantal élaboré avec du lait cru, donc non pasteurisé, de vache de race Salers nourrie au pré et au foin, affiné pendant plusieurs mois, aussi différents soient-ils – et pour cause – appartiennent néanmoins à la même AOC. Alors ?

L'AOC – il est bon de le rappeler – n'est qu'une définition établie par le règlement communautaire du 14 juillet 1992 : « *Le nom d'une région, d'un lieu déterminé ou dans des cas exceptionnels d'un pays qui sert à désigner un produit agricole ou une denrée alimentaire dont la qualité ou les caractères sont dus essentiellement ou exclusivement au milieu géographique comprenant les facteurs naturels et humains, et dont la production, la transformation et l'élaboration ont lieu dans l'aire géographique délimitée.* »

Vous en concluez que l'AOC s'applique uniquement quand les qualités d'un produit résultent à la fois des vertus d'un terroir délimité et des conditions traditionnelles de fabrication, selon la formule consacrée, « *dans le respect des usages locaux, loyaux et constants* ». Hélas, sur le terrain, les producteurs de fromage interprètent très différemment les dispositions administratives. Au prétexte de « *moderniser la tradition* », l'INAO, Institut national des appellations d'origine, « gendarme des AOC », a fermé les yeux sur le développement de pratiques très éloignées des généreux « *usages locaux, loyaux et constants* ».

Le caractère d'un fromage résulte d'une savante alchimie entre le terroir, la race laitière, la conduite de l'élevage, le traitement thermique du lait, le tour de main du fromager... et la saison. Modifier ou sacrifier l'une de ces variantes, c'est priver le fromage d'une partie de son identité.

Quand l'emmental a quitté la Suisse, et le camembert

Fromages

la Normandie, l'un et l'autre ont été happés par la spirale de la médiocrité. Quand les éleveurs ont sacrifié les races locales pour succomber à la mode des Holstein, ILS ont, sans s'en rendre compte, mis le doigt dans un engrenage dangereux.

L'histoire du **cantal** est édifiante. Jusqu'à la fin des années 1970, ce fromage auvergnat était fabriqué avec du lait de vache Salers, une race parfaitement adaptée à la rusticité des montagnes. Elle poussait l'amour maternel jusqu'à refuser catégoriquement de se laisser traire hors la présence de son veau et, au printemps, transhumait avec lui. Elle n'était alors guère productive, dix litres par jour, pas davantage, mais son lait recelait d'excellentes qualités fromagères. Dans son buron, le paysan fabriquait du cantal soir et matin, pas toujours réussi, la vie était fruste. À l'automne, au retour de l'estivage, les mâles devenus broutards étaient vendus aux emboucheurs[1] ; après avoir grandi à leur rythme, les femelles se préparaient à prendre la relève des mères.

Un jour, dans la vallée, des conseillers agricoles décidèrent que ce modèle traditionnel n'était plus d'actualité. ILS proposèrent – ou imposèrent ? – à l'Auvergne de se mettre, comme toutes les régions fromagères, à l'heure de la modernité. Première victime : la Salers. Cette vache de montagne dut céder la place à une étrangère noire et blanche, sans cornes. Vous la connaissez, la fameuse Holstein, celle qui se laisse traire sans histoire, veau à proximité de la mamelle ou pas. Cette nouvelle recrue donne quantité de lait, plus du double de ce que fournit la Salers. Elle présente, certes, un point faible : ses sabots sont trop fragiles pour la montagne. Qu'à cela ne tienne, elle ne transhume plus, on l'installe à demeure dans une étable, on la nourrit à l'auge, d'abord avec du foin, avec de l'ensilage de maïs et des farines ensuite.

---

1. Ceux qui font profession d'engraisser les animaux.

Confronté à l'abondance du lait, le paysan le livre à la laiterie, il n'a plus le temps d'élaborer de fromages. Les laits, quelle que soit leur provenance, sont alors mélangés et pasteurisés ; le cantal est fabriqué à la chaîne. Les volumes enflent, on tranche à la machine, on emballe sous vide pour alimenter les rayons libre-service de la grande distribution, on continue néanmoins à apposer l'étiquette AOC. Vous comprenez pourquoi à la sortie de cette chaîne à marche forcée le cantal ne mérite plus de figurer sur votre plateau de fromages ?

Peu d'éleveurs résistent à la déferlante de la vache américaine, mais il en est toutefois, producteurs de comté, de beaufort, de reblochon, qui demeurent fidèles aux « *usages locaux, loyaux et constants* », attachés dans leurs étables à la Montbéliarde, l'Abondance ou la Tarine.

En Normandie, du côté de Livarot, Pont-l'Évêque et Camembert, les partisans d'un retour en grâce de la race normande donnent de la voix. Le débat est houleux. Le groupe Lactalis, aux commandes depuis quelques années de la plupart des fromageries de la région, s'y oppose fermement. L'INAO, sans autorité comme d'habitude, par ailleurs indifférent aux ravages de la Holstein dans les bassins laitiers, se garde bien d'intervenir dans le débat.

« *Une vache, c'est comme la vigne, moins elle pisse, meilleur est le lait* », lance haut et fort Jérôme Spruytte, l'un des derniers producteurs fermiers de pont-l'évêque. Sous une pluie fine, une soixantaine de Normandes broutent une herbe grasse. Elles portent des cornes. Tout un symbole ! Le paysan aime ses Normandes, cela se lit dans son regard. « *Mon fromage est le reflet de ce qu'elles ressentent* »... et sans doute de ce qu'elles mangent ! Celles-là sont nourries à l'herbe toute l'année. « *Uniquement de la prairie naturelle pour la diversité de la flore.* » De temps en temps, une petite louche d'ensilage de maïs

Fromages

dans l'auge ne serait-elle pas nécessaire ? Il avoue avoir cédé à la tentation, un hiver, pour compléter la ration. Pas folles les Normandes, elles ont vite compris et, sans intention de s'en laisser conter, l'ont remis dans le droit chemin : « *Mes fromages avaient un goût de rance et d'amertume.* » Jérôme Spruytte a renoncé à l'ensilage en dépit des sirènes de la prime – 400 euros de subvention s'il avait planté un hectare de maïs, pas un centime pour nourrir ses vaches à l'herbe.

Concernant l'alimentation des vaches, la question est récurrente, l'INAO n'étant pas pressé de répondre · l'emploi de soja transgénique fait-il partie des « *usages locaux, loyaux et constants* » ? Il faut reconnaître que nourrir des vaches avec du soja importé des États-Unis ou d'Amérique du Sud est un sérieux coup de canif dans le décret, d'autant que nul n'ignore que 95 % des importations de soja sont polluées par les OGM. Des syndicats de fromages AOC se sont émus du silence assourdissant de l'INAO et ont exigé l'amendement de leur cahier des charges, précisant le caractère non transgénique de l'alimentation de leurs animaux. L'INAO se contente présentement d'envoyer un questionnaire à tous les producteurs pour connaître leur position sur la question.

Après le terroir, la vache et son alimentation, reste un problème, celui du traitement du lait. Chez Jérôme Spruytte, par exemple, tout procède d'un principe essentiel, le respect de la matière première : « *On ne doit pas brutaliser le lait. Ce sont mes fromages qui le disent.* » Après la traite, le paysan enfile son tablier de fromager. Car s'il est aujourd'hui admis de fabriquer une fois par jour, après avoir mélangé la traite du soir à celle du matin, notre producteur de pont-l'évêque transforme, lui, son lait après chaque traite, « *comme on le faisait du temps où le tank réfrigérateur n'existait pas* ».

Imaginez les heures passées, les efforts accomplis. Ce luxe de précautions est heureusement récompensé par la qualité des fromages. La volonté de notre homme d'intervenir après chaque traite, outre son attachement aux traditions, tient à des considérations sanitaires. Le lait fraîchement trait contient des antibiotiques, en principe destinés au veau, éphémères par nature – ils disparaissent au bout d'une heure et demie –, qui protègent le lait contre les attaques microbiennes. D'où l'intérêt de le transformer sans tarder en fromage.

Un éleveur qui ne fabrique pas le soir doit nécessairement conserver son lait au froid pendant la nuit et le réchauffer le matin, à environ 37 °C, température du pis de la vache. Au regard de la législation, le lait est toujours considéré comme cru, mais quand vous saurez que tout traitement thermique du lait – réchauffement ou refroidissement – modifie sa flore originelle, ces micro-organismes qui décident de la force et du profil aromatique du fromage, vous comprendrez mieux pourquoi une fois encore le dernier mot appartient au fromage lui-même. Sur le marché de Pont-l'Évêque, Jérôme Spruytte surprend les gens de passage lorsqu'il leur demande : « *Un fromage du soir ou du matin ?* » Et de leur expliquer que le lait du soir est plus riche que celui du matin ; normal, la vache broute le jour, dort la nuit.

Eh oui, du soir ou du matin... Tout est affaire de goût.

Des producteurs fermiers à l'image de Jérôme Spruytte, la Normandie et les grandes régions fromagères françaises en comptaient des centaines dans les années 1960. Chaque fromage portait l'empreinte du paysan, de ses vaches, du climat et de la saison. La fabrication au lait cru garantissait ce lien au terroir. Certes, le meilleur côtoyait le pire, mais les clients ne s'y trompaient pas.

L'essor de l'industrie laitière a sonné le glas des pro-

Fromages

ductions fermières d'abord, des fromages au lait cru ensuite, ouvrant une voie royale à la standardisation des AOC.

Qu'est devenue la spécificité de chaque ferme ? Son lait est noyé dans la masse et la laiterie homogénéise les taux de matières grasses. Elle pasteurise également, pour éviter les accidents sanitaires ; le lait n'étant pas collecté tous les jours, il est stocké dans les tanks, et chaque manipulation est propice à une attaque de microbes. Chauffée à plus de 72 °C, la flore du lait, fragile par essence, ne survit pas. Le fromage pasteurisé ne reflète plus que l'idée qu'on se fait de son terroir. Pire, s'il a été fabriqué avec le lait d'une Holstein nourrie à longueur d'année avec la même ration standard de maïs d'ensilage, de farine de soja et de céréales !

Maroilles, munster, langres, chaource, saint-nectaire, cantal, morbier, bleu d'Auvergne, fourme d'Ambert, fourme de Montbrison, bleu de Gex, bleu des Causses... autant de fromages traditionnels, jadis fiers de leur AOC, aujourd'hui déshonorés, tombés sous les coups de la pasteurisation. Heureusement, sur chaque aire d'appellation, quelques fromagers maintiennent courageusement, contre vents et marées, une fabrication au lait cru. Les bons crémiers s'arrachent évidemment leurs productions. Il faut absolument que vous les goûtiez pour mesurer l'abîme qui les sépare de leurs homologues pasteurisés.

Les défenseurs de la pasteurisation agitent l'épouvantail de la listéria.

La listéria, vous l'avez découverte en 1987, à la page des faits divers de vos quotidiens. Cette bactérie nichée dans des vacherins suisses a tué plusieurs personnes en quelques jours seulement. En France, on a laissé entendre que... même nom... même région... mêmes caractéristiques... le mont d'or pourrait propager le microbe. Les pouvoirs publics se sont affolés, en ont interdit la vente. Après force contrôles, analyses et auscultations du suspect, il a bien fallu se rendre à l'évidence : aucun laboratoire n'a décelé la moindre trace de listéria. Trop tard, le mal était fait !

La listéria est vieille comme le monde. Il en existe des centaines de souches dans notre environnement. La plus retorse, la monocytogène, prolifère dès qu'il y a rupture de la chaîne du froid, et seule la pasteurisation peut en venir à bout. Discrète, elle fait son apparition indifféremment au moment de la traite, dans le tank à lait, au cours de la fabrication du fromage, pendant le transport, chez le distributeur ou dans votre réfrigérateur. Elle est sans conséquence pour le commun des mortels, sauf – c'est là l'essentiel – pour les femmes enceintes – le fœtus en réalité –, les personnes très âgées et les sujets immunodéprimés, tels les malades du sida. Au lieu de se laisser gagner par l'affolement, ne serait-il pas plus avisé de recommander, vaste campagne d'information à l'appui, aux sujets à risque de faire l'impasse sur les fromages au lait cru ?

Au cours des années 1990, plusieurs cas de listérioses, mortelles ou non, ont été montés en épingle. Rillettes et fromages à pâtes molles notamment furent victimes, plus que de la listéria, de l'hystérie médiatique. Le scénario, invariable, se répétait : les services vétérinaires détectaient quelques bactéries dans un échantillon d'époisses, de maroilles ou de camembert... le lot incriminé était retiré du marché... les médias s'emparaient de l'affaire... le nom de l'entreprise était jeté en pâture à la vindicte DES CONSommateurs... ceux-ci, ignorants, paniquaient, mélangeant sang contaminé, vache folle, Dioxine, salmonelle... les ventes de fromages au lait cru chutaient... les entreprises, menacées de devoir déposer leur bilan, étaient au bord de la crise de nerfs... les pouvoirs publics perdaient trop souvent le contrôle de la situation... les ministres zélés, au nom du sacro-saint

Fromages

principe de précaution, invitaient les fabricants de fromages au lait cru à prendre toutes les dispositions pour parvenir au « risque zéro »... Décision sans appel : plus une seule bactérie de listéria tolérée dans les fabrications au lait cru, à la sortie des fromageries ! Alors qu'on accepte dans les autres aliments crus jusqu'à cent bactéries par gramme, seuil en dessous duquel il n'y aurait aucun risque de contagion.

Ne vous laissez pas anesthésier, CONSommateurs, car pendant ce temps, sournoise, la bouffe industrielle « marketing » tue à petit feu des milliers de Français et fabrique des générations de futurs obèses, de futurs diabétiques.

Le gouvernement aurait voulu tuer le fromage au lait cru qu'il ne s'y serait pas pris autrement. Les Américains rient sous cape, eux qui n'ont jamais réussi à obtenir par le biais des instances internationales l'élimination du lait cru [1].

Dans les campagnes, les petites fromageries, à l'affût de la moindre trace de listéria, doivent faire face aux coûts exorbitants des contrôles sanitaires – 4 ou 5 % de leur chiffre d'affaires. Beaucoup se vendent au plus offrant ; les industriels ramassent la mise ; le groupe Lactalis, par exemple, s'est emparé au cours des dix dernières années d'environ 80 % de la production de camembert AOC de Normandie !

D'autres abandonnent purement et simplement la fabrication au lait cru, à l'image de Thierry Graindorge, petit industriel indépendant installé à Livarot. « *Moi, je ne sais pas faire un fromage au lait cru avec un lait collecté chez cent quatre-vingts producteurs. Les risques sanitaires et économiques sont trop grands. Une seule listéria détectée, et j'envoie mon lot de livarot ou de pont-l'évêque à la casse. C'est*

---

1. Dans les années 1990, dans le cadre du *Codex Alimentarius*, les États-Unis, opposés à l'utilisation du lait cru, ont affronté la France, en vain.

un exercice de funambule. Donc je thermise[1] mon lait. »
L'aveu a le mérite de l'honnêteté. Qu'est-ce à dire ?
Qu'on ne peut plus fabriquer de fromages au lait cru à
l'échelle industrielle ? Ceux qui continuent à en vendre
transgresseraient-ils la réglementation ?

Ce serait oublier la microfiltration, inventée par
l'INRA de Rennes, qui a redonné beaucoup d'espoir
aux industriels. Ce procédé, hérité de la technologie
nucléaire, filtre tous les germes du lait, les bons en
même temps que les mauvais. D'où la nécessité de réensemencer le lait vierge avec une flore de culture. Une
pratique parfaitement illégale puisque, réglementation
oblige, le lait cru ne doit subir aucun traitement, ni
physique, ni thermique. Mais qui peut-on soupçonner
de pratiquer la microfiltration ? Personne. Officiellement. En attendant un aménagement de la loi[2], les
pouvoirs publics tolèrent l'exercice. Vous avez compris,
ce lait cru « microfiltré » n'est qu'un parent très éloigné
du lait cru de notre producteur fermier de Pont-
l'Évêque.

D'autres recettes confidentielles sont mises en œuvre
dans les coulisses des laiteries, tel le mélange de lait cru
et de lait chauffé. Là aussi, obligation de réensemencer
avec des ferments cultivés en laboratoire. Cette technique de lutte contre la listéria est si couramment utilisée dans l'élaboration du camembert que le syndicat de
l'AOC a demandé à ce qu'on l'officialise dans le décret,
actuellement en cours de discussion, définissant les
nouveaux critères du lait cru. Chut !... Vous êtes, vous,
CONSommateurs, censés tout ignorer...

Ignorer également certaines pratiques agricoles. Des
études ont montré qu'à la ferme, l'ensilage de maïs

---

1. La thermisation est une pasteurisation douce qui élimine le risque de
listéria, en préservant, mais en partie seulement, la flore du lait.
2. Une réécriture du décret relatif au fromage, définissant les critères
d'appréciation du lait cru, est en cours ; sa publication est sans cesse
repoussée...

Fromages

– fourrage humide – était l'un des principaux facteurs de contamination du lait. Qui a légiféré contre cette pratique ? Personne. Les pouvoirs publics n'ignorent pas ses méfaits sur la qualité des fromages, de la viande et de l'environnement. Oui, mais... Pas question de remettre en cause le modèle productiviste Holstein-ensilage de maïs-soja ! Et pour cause... Nous ne le répéterons jamais assez : un agriculteur peut percevoir jusqu'à 400 euros de subvention à l'hectare pour élever ses vaches à l'ensilage de maïs, alors que celui qui nourrit ses bêtes au pré n'a rien. Vous avez bien lu : rien !

Autre aspect de l'évolution vers la médiocrité : la distribution des fromages d'appellation d'origine contrôlée. Avant que les grandes surfaces ne s'implantent en si grand nombre, les artisans crémiers s'en chargeaient. Je ne vous parle pas des marchands de fromages, non, mais des artisans crémiers. Ceux qui possèdent une boutique, une vraie, et une cave d'affinage où finissent de mûrir, en secret, les fromages au lait cru – cela va sans dire –, soigneusement sélectionnés chez des producteurs fermiers ; les adresses, ils les gardent jalousement et, avant d'extraire de la cave un camembert, un munster, un chavignol ou un brie, ces hommes de l'art le regardent, le tournent, le retournent, le caressent, le respirent, quelquefois le goûtent. Combien reste-t-il de ces crémiers en France ? « *Au mieux, une cinquantaine* », nous confie l'un d'eux. Comme beaucoup de représentants de métiers de bouche, ils appartiennent aujourd'hui à une espèce en voie de disparition. Vous comprenez à quel point la situation est désespérée !

Les marchands de fromages, eux, sont légion. Pas de cave d'affinage dans l'arrière-boutique, mais un entassement de cartons à la marque des grossistes de Rungis ou des industries laitières. Comme la grande distribution, ces faux artisans se contentent de prélever une marge sur les fromages qui leur sont livrés « prêt-à-manger ». Chez eux, les AOC rentrent en concurrence – à l'image des démêlés entre le roquefort et le saint-agur – avec les multiples créations « marketing ». La pression sur les prix est forte, et les fabricants de fromage AOC sont tentés de réduire les périodes d'affinage au minimum exigé par le cahier des charges. L'époque veut ça, gain de temps, gain d'argent !

Revers de la médaille de ces fromages trop jeunes : manque de force, manque de saveur. *« Des fromages doux ! C'est justement ce que demande le consommateur »*, renchérissent les experts en « marketing ». Regimbez, CONSommateurs, ne vous laissez pas impressionner ! Si vous aimez réellement les fromages doux, mangez des fromages doux, mais des AOC. De grâce, ne vous laissez pas dicter vos goûts !

Il serait également souhaitable que les fromages soient correctement présentés et servis ! Balayons le manque de professionnalisme des employés des rayons à la coupe de la grande distribution, on ne leur demande rien d'autre que d'empaqueter des morceaux de fromage avec le même détachement qu'ils mettent à emballer des tranches de saucisson ou des filets de merlan. Beaucoup plus graves, voire révoltants, sont l'état sanitaire déplorable de nombre de rayons et surtout l'état de conservation plus que douteux de certains fromages. Pour les besoins de notre enquête, nous avons à maintes reprises été menacés de listériose. Dieu merci, ni Jean-Paul Frétillet ni moi-même ne sommes spécialement déprimés sur le plan immunitaire. Que fait la DGCCRF, Direction générale de la consommation, de la concurrence et de la répression des fraudes ? Que font les douanes ?

Ainsi, nous nous sommes laissé dire que vous fuiriez les rayons à la coupe [1]... Que vous rechigneriez à faire

---

1. Le chiffre d'affaires des ventes de fromage à la coupe chute de 10 % par an.

Fromages

la queue pour être servis... C'est du moins ce que prétend la grande distribution. Est-ce vrai ? Si oui, voilà une bien mauvaise nouvelle pour les producteurs de fromages AOC ! Je n'ose pas y croire. Vous, CONSommateurs avisés, vous seriez attirés par les fromages suffoquant et suintant dans un film plastique ? Réfléchissez aux efforts des producteurs de comté ou de reblochon, qui maintiennent les races locales, refusent l'ensilage et les OGM, fabriquent à partir de lait cru : ils comptent parmi les plus sérieux des syndicats AOC... Songez au terroir gâché !

Réfléchissez, CONSommateurs, réfléchissez...

Agneau

J'aimerais vous raconter l'histoire pathétique de **l'agneau** pascal. Vous voyez de quoi je veux parler, cette petite boule de laine blanche que l'on sacrifie à Pâques. Savez-vous pourquoi tous les ans à la même époque on tue un mouton ? Symbole religieux ou tradition commerciale ? Beaucoup de nos amis seraient-ils capables d'expliquer la signification de ce rituel ? Certes, nous tirons les rois à l'Épiphanie, confectionnons des crêpes à la Chandeleur, mais savons-nous seulement pourquoi ? Les chrétiens pratiquants assurément, mais ceux qui ne fréquentent pas régulièrement les églises ? Dans la liturgie chrétienne, l'agneau symbolise le Christ, lui-même « *agneau de Dieu qui s'offre en sacrifice pour la libération et le salut de l'homme* ».

Vous ne mesurez pas le pathétique de la situation ? Laissez-moi poursuivre, vous conter l'évolution de la filière ovine française depuis trente ans. Elle ressemble beaucoup à un sacrifice collectif... et organisé.

La Confédération paysanne, centrale syndicale concurrente de la FNSEA, Fédération nationale des syndicats d'exploitants agricoles, constatait il y a quelques mois : « *12 495 moutonniers de moins en cinq ans ! 2 499 moutonniers de moins par an ! 208 moutonniers de moins par mois ! 48 moutonniers de moins par semaine ! À ce rythme, le dernier disparaîtra en juin 2019. Dommage, juste au moment des foins !*» Les statistiques du ministère de l'Agriculture ne traduisent pas autre chose, expliquant pourquoi la France a perdu plus d'un million de brebis : depuis six ans, un cinquième des éleveurs de moutons ont mis la clef sous la porte.

Les producteurs ne peuvent plus couvrir nos besoins puisque à peine un agneau sur deux consommé en France y est élevé. Épaules, côtelettes, selles et gigots sont britanniques, irlandais, néo-zélandais ou australiens. Vous n'êtes pas étonnés qu'à Pâques la grande distribution vous propose du gigot australien à moins de 6 euros le kilo, alors que le même gigot français s'affiche à plus de 13 euros ? Comment un gigot qui a parcouru 16 000 kilomètres parvient-il chez nous à des prix défiant toute concurrence locale ? Ce détail vous aurait-il échappé ?

Chaque gouvernement a pour habitude de convoquer des experts au chevet du mouton malade. En 2001, Jean Glavany, officiant à son tour au ministère de l'Agriculture, ne manqua pas de charger M. Michel Thomas, ingénieur général du Génie rural, des Eaux et Forêts, et Jean Launay, député, d'une « *mission d'évaluation et de prospective sur l'élevage ovin* ». Quelques dizaines de millions de francs furent débloqués pour apaiser, le temps d'une saison, l'ire des éleveurs. Mais quand il s'agit de s'attaquer aux racines du mal, les techniciens manquent souvent de perspicacité, le rapport Thomas-Launay n'échappant pas à cette règle typiquement française : « *Le secteur ovin connaît depuis plusieurs années de graves difficultés* », écrivent en préambule messieurs les rapporteurs, avant d'énoncer quelques mesures palliatives, autrement dit des subventions supplémentaires, pour enfin conclure : « *Il faut faire vite, car chaque année, nous le savons tous, ce sont plusieurs centaines d'éleveurs et plusieurs milliers de brebis qui disparaissent.* » Un plan de sauvetage ? Un de plus. Attendons maintenant patiemment le prochain rapport d'experts, il ne saurait tarder.

L'agonie de l'agneau français est significative de l'ignorance, de l'aveuglement des élites qui gouvernent l'agriculture française. La filière ovine a commencé à dérailler – comme chaque fois qu'il y a spéculation sur les animaux – quand, encouragée par des conseillers agricoles inefficaces et incompétents, elle s'est engagée sur la voie du productivisme. Pour l'agneau, c'est là que le désastre s'est annoncé.

Le mouton est né pour être élevé de façon extensive, à l'air libre, sur de grandes étendues. Depuis des centaines d'années, la chèvre et lui occupent une place complètement à part dans la famille des animaux domestiques : d'une grande rusticité, d'une nature accommodante, ils s'adaptent aux espaces les plus ingrats, des garrigues aux pentes neigeuses, des prairies brûlées par le soleil estival du Montmorillonnais aux paysages presque lunaires des Causses et du Larzac. On maintient des moutons là où on ne peut plus faire paître de vaches, disent les éleveurs.

L'agneau fut l'animal roi des régions de petites et moyennes montagnes. La Blanche du Massif central, la Rouge du Roussillon, la Caussenarde des Garrigues, la Tarasconnaise, la Préalpes du Sud... autant de vieilles races locales de brebis qui demeurent dans toutes les mémoires des anciens. La brebis était au cœur de l'économie campagnarde, son lait, sa laine, sa viande avaient la même valeur. Les saisons rythmaient les tâches de l'éleveur et les pas du troupeau.

À l'automne, les béliers montaient les brebis et cent quarante-cinq jours plus tard les femelles mettaient bas. Les premiers agneaux, ceux de février, tétaient leur mère deux mois environ avant de connaître le sacrifice de Pâques. Dès la fin du printemps, béliers, mères et agneaux – ceux qui avaient survécu – transhumaient sous la conduite d'un berger vers les alpages, où l'herbe

Agneau

était grasse. Le lait des brebis faisait le bonheur de leurs agneaux et des fabricants de fromage. Les petits engraissaient, la laine s'épaississait. À l'automne suivant, le troupeau redescendait vers la vallée. Les agneaux dits « d'herbe », par opposition à ceux « de lait » abattus pour Pâques, étaient vendus – ils avaient six mois – pour leur viande, les mères prêtes pour une nouvelle gestation.

C'était là un système de production intelligent, ne devant rien aux experts ni aux chercheurs, calé naturellement sur le rythme des saisons, les besoins sexuels des bêtes et l'abondance de la nourriture. Il exigeait, certes, du travail. Heureuse époque néanmoins où on n'achetait pas d'aliments chez le marchand de farines pour compléter la ration des animaux, où le troupeau broutait ce que la nature lui offrait, où le lait, la viande reflétaient avantageusement le terroir.

En Poitou-Charentes et Limousin, les producteurs d'agneaux d'herbe conduisaient leurs troupeaux avec le même respect des saisons, la transhumance en moins. Le surplus d'herbe était transformé en foin en prévision de la période hivernale. Les Britanniques, les Irlandais et les Néo-Zélandais n'ont rien inventé, continuant – nous le verrons plus loin – à produire ainsi leurs agneaux.

Cette vision de l'élevage extensif, que les promoteurs d'une agriculture rationnelle qualifiaient de bucolique et d'archaïque, fut balayée par la tempête productiviste qui souffla sur la France dans la seconde moitié du XXᵉ siècle. Tristes années que les années 1960 ! Les éleveurs, indifféremment de poulets, de bovins ou de cochons, durent rationaliser leurs élevages et suivre les directives, la distribution moderne ne supportant pas les caprices sexuels et saisonniers. Il fallait du gigot à Pâques, à Noël, et pourquoi pas du 1er janvier au 31 décembre ? À entendre ces nouveaux commerçants, vous étiez prêts, CONSommateurs, à faire le siège des magasins, réclamant de l'agneau à longueur d'année, vous vous seriez battus pour changer les méthodes d'élevage. Mais pour satisfaire ces goûts pervers, les brebis devaient, elles aussi, mettre bas toute l'année. Ce fut le début de la « désaisonnalisation » des chaleurs.

La femelle du bélier est pointilleuse quand il s'agit d'accepter la monte. À l'automne ou rien ! Quelques races « désaisonnalisent » naturellement, mais la plupart ont besoin pour cela du concours de la science. Vous imaginez volontiers qu'à l'INRA, les chercheurs se sont penchés sur la question. Pour finalement mettre au point l'éponge imprégnée d'hormones sexuelles. Le berger n'avait plus qu'à revêtir sa blouse blanche de gynécologue et introduire dans les parties intimes des brebis de la mousse de polyuréthanne gorgée d'un progestagène[1]. Aussitôt, le cycle sexuel des femelles était perturbé, il suffisait de retirer l'éponge et d'injecter par voie intramusculaire une dose de PMSG, *Pregnant mares serum gonatrophin*, qui déclenchait aussitôt l'ovulation. Quarante-huit heures après, miracle ! Les brebis traitées étaient en chaleur, à vous de jouer les mâles ou messieurs les inséminateurs avec vos paillettes de semences de béliers. Au choix. La synchronisation des chaleurs accouplée à l'insémination artificielle ouvrait toutes grandes les portes des bergeries à la sélection génétique.

À l'INRA, les ingénieurs s'en donnèrent à cœur joie. ILS commencèrent par s'intéresser à la brebis. Les races rustiques n'étaient, selon eux, pas suffisamment prolifiques. Une Préalpes du Sud ou une Caussenarde des Garrigues ne mettait bas qu'un seul petit à chaque agnelage. Une injure aux règles les plus élémentaires

---

1. Version synthétique – beaucoup plus puissante – de la progestérone, hormone naturelle qui intervient dans le cycle sexuel du mammifère.

Agneau

de l'élevage dit rationnel. Il convenait d'y remédier : on appela au secours des races étrangères, réputées prolifiques. C'est ainsi que la Romanov débarqua de sa Russie natale en 1963, la Finnoise, autre spécialiste du genre, à partir de 1966. À force de croisements, les brebis françaises mirent bas deux agneaux à la fois.

On ne répétera jamais assez combien la mondialisation encore balbutiante fut redevable au productivisme.

Après la brebis, ce fut au tour de l'agneau d'être l'objet de toutes les attentions des généticiens de l'INRA. Qu'est-ce que les distributeurs modernes pouvaient bien reprocher aux agneaux nés de races rustiques ? Trop hétérogènes, trop longilignes, trop graciles, trop galbés, pas assez ronds, pas assez viandés, en un mot *« ne correspondant pas à la demande des consommateurs »*. L'agneau français était disqualifié ; c'était votre faute, CONSommateurs !

Inquiets, nous avons épluché toute la bibliographie sur le sujet et n'avons trouvé aucune trace de sondage, enquête ou étude statistique quelconque, même produits par l'INRA, le très complaisant Institut national de la recherche agronomique, qui aurait cerné vos *desiderata* quant à la forme et au gabarit du gigot d'agneau.

En fait, seul l'intérêt du négoce et de la grande distribution était en jeu. Il fallait un agneau standard : animal lourd, carcasse large, épaules d'haltérophile, gigots courts et rebondis. C'en était fini des races rustiques, bienvenue aux croisements industriels !

Comment se déroulait le quotidien de cette nouvelle bête à viande pour grandes et moyennes surfaces ? Plus de transhumance ni de balade folklorique en montagne, l'agneau moderne vivait en bergerie, les pieds dans le fumier, la tête dans l'auge. Si quelques chanceux parvenaient à se dégourdir les pattes dans les prairies environnantes, la ration quotidienne contenait de moins en moins de chlorophylle. Les agneaux, dès le sevrage, découvraient les granulés – petits bâtonnets

CONSommateurs, révoltons-nous !

de céréales et de soja agglomérés –, agrémentés d'un peu de foin ou d'ensilage. Malgré ce cocktail énergétique, les gigots ne gonflèrent pas à vue d'œil. L'agneau bouda, rechigna à pousser aussi vite que l'avaient souhaité les docteurs Folamour de la recherche agronomique. Ils s'étonnèrent qu'un ruminant prospérât mieux en mangeant de l'herbe que des granulés. Découragés, nos experts ? Au contraire, ILS invitèrent les éleveurs à augmenter les rations de céréales et de soja. Gavé jusqu'à l'écœurement, l'agneau moderne finirait bien par fournir le gigot standard exigé par la distribution.

Tout le monde faisait mine d'oublier que les ovins sont nés pour ruminer de l'herbe et non pour ingurgiter des aliments coûteux dont on ignore la provenance. En ouvrant un compte chez le marchand d'aliments et produits vétérinaires, l'éleveur allait engloutir ses maigres marges, perdre ses moutons, sa bergerie et son âme. Il ne savait pas encore que les conseilleurs n'étaient pas les payeurs.

À la fin des années 1970, sous les coups de boutoir des chocs pétroliers, de l'envolée du dollar et des cours des matières premières agricoles, dont le soja, les éleveurs furent condamnés à payer au prix fort la dépendance de leur exploitation vis-à-vis des fournisseurs, vendeurs de machines, marchands d'aliments, banques – le Crédit agricole notamment – et conseillers en tous genres. Ils s'endettèrent, leurs charges d'exploitation gonflèrent et leurs marges fondirent. Des bataillons de bergers rejoignirent « la grande armée des agriculteurs en difficulté », cet euphémisme honteux illustrant le profond malaise du monde politico-agricole face à ces parias de l'agriculture moderne. Une chose est sûre : ce ne sont pas les prophètes du productivisme qui ont tendu la main à ces pauvres producteurs.

Témoignage poignant que celui recueilli, en 1986, dans une petite ferme entre Le Mans et Bouloire, auprès de cet éleveur de la Sarthe, une femme en l'occurrence, en cessation de paiement à la coopérative, au Crédit agricole et à la Mutualité sociale agricole : « *On m'a mise en quarantaine. C'est pire que la peste ou le choléra. Je n'ai pourtant fait que suivre leurs conseils* », avouait-elle avec dignité. Qu'est-elle devenue ? Parions qu'elle n'élève plus de moutons.

Vous pourriez imaginer, CONSommateurs, que « les archaïques » qui résistent au productivisme, persistent à élever des brebis de races rustiques, à faire transhumer leur troupeau et qui considèrent que la meilleure nourriture pour les ruminants est l'herbe, sont mieux lotis. Détrompez-vous. Comme pour le bœuf, le commerce des agneaux est régi par une grille communautaire de classement des carcasses. Deux critères permettent de sélectionner un agneau : son état d'engraissement et sa conformation, autrement dit sa plastique, ses rondeurs, ses gigots plus ou moins rebondis. Des lettres – S, E, U, R, O, P – lui sont attribuées selon sa conformation, des chiffres – 1, 2, 3, 4, 5 – en fonction de son engraissement. Les carcasses les plus demandées par la grande distribution sont – vous vous en doutez – celles qui résultent de croisements industriels, les fameux agneaux haltérophiles, griffés R, U, voire E ou S pour les spécimens plus athlétiques. La catégorie R, moyenne, donne le « la » du marché ; on demande du R par-ci, on exige du R par-là. Les frêles agneaux de races rustiques sont systématiquement relégués dans les groupes inférieurs, O ou P. Quand bien même les animaux ont grandi à l'herbe, connu le plaisir de la transhumance, pour le marché ils ne valent rien ou pas grand-chose. On a constaté des écarts dépassant 1,50 euro au kilo entre une carcasse R et une carcasse P. Faites le compte : à raison de 15 kilos de viande en moyenne par carcasse et de 300 agneaux commercia-

CONSommateurs, révoltons-nous !

lisés annuellement par une petite exploitation, le manque à gagner pour l'éleveur traditionnel s'élève à 6 750 euros, l'équivalent d'une fois et demie son revenu agricole.

Dubitatifs, vous aimeriez trouver sur l'étal du boucher la preuve de ces écarts de prix, ou dans un rayon de la grande distribution apercevoir un U, un R ou un O. N'y comptez pas, passez votre chemin, il n'y a rien à voir. Seulement des gigots, des selles, des côtelettes. Vous vous obstinez ? Vous voulez acheter un agneau d'herbe et faire la différence avec un agneau de bergerie ? Vous perdez votre temps. Le distributeur, dans son dialecte « marketing », ne connaît que la segmentation du marché – eh oui, il faut vous y faire, il y a maintenant un nouveau langage pour parler de la viande –, soit quatre catégories de viande : le tout-venant – je ne vous le conseille pas –, les marques nationales collectives, le certifié et le label Rouge. Je devine que vous avez déjà compris de quoi il retourne. Les organismes beaux parleurs, chargés de la communication sur la viande, vous l'expliquent régulièrement : CONSommateurs, c'est à vous de vous débrouiller !

Commençons par les marques collectives. La dernière, « l'Agneau de nos Terroirs », remplace – avec beaucoup de subtilité comme vous pouvez l'apprécier – la précédente, intitulée « l'Agneau de nos Bergers », qui a connu un échec sévère auprès de la clientèle. Cet « Agneau de nos Terroirs », lancé à grands frais publicitaires en juin 2003, aura-t-il plus de chances que son infortuné prédécesseur ? Les experts en communication ont convaincu les producteurs de moutons qu'il suffisait de remplacer « bergers » par « terroirs » pour révolutionner les linéaires. Éleveurs, abatteurs, négociants, coopératives, distributeurs, tous embarqués dans cette nouvelle galère « marketing », espèrent que le chaland tombera dans le panneau. Le mot « terroir » est certes à la mode, mais il a déjà beaucoup servi, il est probable que les gogos ont compris, d'autant que les arguments sont toujours les mêmes. Écoutez plutôt : « *Sous l'appellation* Agneau de nos Terroirs, *les consommateurs de viande d'agneau trouveront toutes les garanties de traçabilité et de sécurité qu'ils sont en droit d'attendre.* [...] *La viande* Agneau de nos Terroirs *est produite par des filières identifiées avec des opérateurs engagés dans la démarche et contrôlés par un organisme indépendant.* » Tracé, identifié, contrôlé, sécurisé, étiqueté et supervisé par l'incontournable « organisme indépendant » ! Rien ne manque. L'argumentaire peut s'adapter à n'importe quel produit, pourquoi pas « Bœuf des Prairies », « Vache de l'Étable » ou « Poulet du Mont-Saint-Michel » ?

Vous aimeriez en savoir davantage sur « l'Agneau de nos Terroirs » ? Votre curiosité est légitime, nous avons consulté pour vous le site Internet d'INTERBEV, Association interprofessionnelle du bétail et des viandes, et épluché le cahier des charges de cette nouvelle signature « marketing ». L'article 5 a trait aux critères de traçabilité ISTEC – Identifié, Sélectionné, Tracé, Étiqueté, Contrôlé. Vous ne me croyez pas ? Vous ne m'imaginez tout de même pas capable d'inventer un sigle pareil ! Sa lecture est délectable : « *La signature* Agneau de nos Terroirs *est réservée à des viandes d'agneau de moins de 12 mois dont la traçabilité est garantie à chaque stade de la filière par les dispositions suivantes. Pour les éleveurs : 1) L'identification des agneaux au plus tard 7 jours après la naissance, selon les règles du décret du 22 décembre 2002. 2) La livraison à un apporteur en vif engagé dans la démarche. 3) L'émission d'un bordereau d'enlèvement signalant l'engagement de l'éleveur dans une ou plusieurs démarches bénéficiant de la signature.* »

Obstinés, nous avons poursuivi jusqu'à la dernière ligne, sans découvrir la moindre allusion à la race de l'animal, son alimentation ou son mode d'élevage. L'article 6 précise : « *La signature ne peut être utilisée que sur des viandes d'agneau issues de carcasses ayant fait l'objet d'un tri préalable à l'abattoir de façon à satisfaire les critères suivants : poids de 24 kg maximum ; conformation EURO ; état d'engraissement : 2 ou 3 ; viande de couleur claire ; gras blanc et ferme.* » Autrement dit, peu importe la façon dont ils ont été élevés, peu importe ce qu'ils ont mangé, l'appellation « Agneau de nos Terroirs » s'applique à la presque totalité des agneaux nés en France, « presque » parce que sont exclus les agneaux de races rustiques, élevés à l'herbe dans les alpages. Ces bêtes de qualité, jugées trop frêles par le marché et déclassées dans la catégorie P de la grille européenne, sont donc tenues à l'écart de la fanfaronnade « marketing ». Ce n'est pas le seul paradoxe de l'appellation « Agneau de nos Terroirs ».

Le label Rouge ? Un autre habillage « marketing » dans l'air du temps. Vous avez déjà vu ce hochet imprimé sur les emballages pour attirer le gourmand qui se prépare à cuisiner ce qu'il imagine la quintessence de la viande d'agneau. À la foire des labels et certifications, les appellations sont toutes aussi ronflantes que mensongères. Vous n'avez que l'embarras du choix : « Agneau fermier du Quercy » ou « Agneau César » ? À moins que vous ne préfériez « l'Agneau fermier Cœur de France » ou le « Fermier du Bourbonnais » ? Que diriez-vous d'un « Agneau de Pauillac » ou d'un « Agneau de Sisteron » ? Tous décorés d'un label, d'une certification de conformité, d'une IGP, indication géographique protégée, ou – ça peut arriver – des trois à la fois, avec promesses à la clef, la plus en cours actuellement étant le terroir.

Vous optez pour « l'Agneau de Pauillac » ? Bel exemple de filouterie ! Il était déjà célèbre à la fin du XVIIIe siècle, quand d'octobre à mai les bergers des Landes ou des contreforts du Massif central pacageaient leurs brebis dans les vignes du Médoc. Les vignerons veillaient sur leurs barriques, les éleveurs sur leurs moutons. Les agneaux de lait, nés durant cette

Agneau

période, étaient appréciés dans toute la région pour l'onctuosité et le parfum de leur chair. Leur notoriété avait gagné les meilleures tables françaises et étrangères. La tradition a vécu, dans les vignes du Bordelais, tracteurs et herbicides ont remplacé les brebis, la transhumance d'automne a disparu. De l'agneau de Pauillac, il ne reste plus qu'une appellation, très habilement utilisée sur le plan commercial ; une bergerie s'est installée à Pauillac, les apparences sont sauves. En 1999, l'Administration, inconsciente ou mal informée, décernait à l'appellation une IGP et un label Rouge. L'aire de production de l'agneau dit de Pauillac était étendue à la Gironde, au Lot-et-Garonne et au sud de la Dordogne. Pourquoi pas aux Pyrénées-Atlantiques et aux Landes, au point où on en est de la supercherie ?

« L'Agneau de Sisteron » a lui aussi fait illusion pendant un certain temps, jusqu'à ce que la justice s'en mêle et que la vérité apparaisse. Pendant des années, seule une infime partie des agneaux estampillés Sisteron étaient originaires de ce chef-lieu de canton des Alpes-de-Haute-Provence ou alentour. L'abattoir était en réalité alimenté par des bêtes en provenance d'autres régions françaises, voire de Grande-Bretagne et des Pays-Bas ! En 1994, la répression des fraudes mit fin à cette scandaleuse mascarade et interdit l'exploitation commerciale de la marque « Agneau de Sisteron ». Aujourd'hui, les éleveurs des Alpes-de-Haute-Provence rament à contre-courant : après avoir décroché un label Rouge baptisé César, ils ont réussi à convaincre l'INAO, l'Institut national des appellations d'origine, de faire revivre l'appellation « Agneau de Sisteron » à travers une IGP, qui devrait, normalement, garantir l'origine des agneaux. L'obtention d'un label Rouge nécessitant quand même quelques efforts, l'ordinaire de l'agneau a été amélioré : il est nourri exclusivement avec le lait de sa mère, les lacto-remplaceurs ont été bannis des bergeries, l'herbe et le foin ont reparu dans les rations.

Nous aimerions saluer ces efforts, qui ne sont en fait qu'un retour aux traditions, mais nous nous sommes laissé dire que des seaux de granulés continueraient à agrémenter le plat de résistance des pauvres petites bêtes...

Pour les brebis, rien n'a changé, car il faut fournir de la viande d'agneau label Rouge, certifiée ou non IGP, à longueur de saisons ; elles sont donc traitées au progestagène comme avant. L'un des représentants de la filière agneau label Rouge commente le nouveau système mis en place : « *Grâce à l'effort, à la volonté de toute la filière et à plus de dix ans d'expérience, l'agneau est disponible 365 jours par an.* » Euphémisme ou langue de bois ?

En fonction de la date d'abattage, l'agneau a plus ou moins gambadé dans les prairies. En hiver, vous achetez de l'agneau de bergerie, en été, un animal qui ressemble à un agneau d'herbe ; êtes-vous capables de faire la différence ? Les distributeurs de médaille ont-ils envisagé un retour aux races locales et rustiques, après avoir mesuré combien le recours aux croisements industriels était catastrophique pour l'agneau de qualité ? Que nenni. Rien n'a été entrepris, le négoce et la grande distribution se refusent à entendre ce discours. Qu'il soit label Rouge, tout-venant ou de qualité, l'agneau « body-buildé » doit s'enorgueillir d'épaules larges, de gigots courts et rebondis.

Certaines filières label Rouge ont tenté de mettre l'accent sur la race locale dans leur cahier des charges... oubliant simplement de mentionner qu'elle avait fait l'objet de croisements avec des souches industrielles. Distribution, quand tu nous tiens !

Dans une étude récente, l'INRA, que personne ne soupçonne de multiplier les coups de pied dans la fourmilière productiviste, reconnaît que « *loin de constituer une rupture avec les modèles techniques nés des approches productivistes précédentes, la mise en place du label Rouge se situe dans leur continuité directe*[1] ». Et de poursuivre en s'appuyant sur « l'Agneau de Quercy », l'une des plus grosses filières label Rouge françaises : il est « *sans doute le plus emblématique d'une attitude rencontrée dans la plupart des grands bassins de production ovine française (Poitou, Limousin, etc.). Il correspond à une stratégie située dans la continuité de l'idéal moderniste des précédentes années. La convention qui fonde la relation avec l'aval repose sur une soumission totale aux exigences de la distribution : conformation standard, homogénéité des livraisons, régularité des apports dans le temps. L'identité géographique n'intervient ici que comme signe de reconnaissance témoignant auprès des consommateurs de la réalité de cette convention* ».

Un éleveur traditionnel, moins énigmatique, témoigne avec honnêteté : « *Une année, pour améliorer mon revenu, j'ai succombé au label et à la certification. J'ai introduit du sang industriel dans mon troupeau de Préalpes. Le résultat a dépassé toutes mes espérances : neuf agneaux sur dix sont devenus comme par enchantement « labélisables ». Je n'avais pourtant rien changé à mon système d'élevage si ce n'est d'avoir renoncé à cette belle race rustique. Bien mal m'en a pris. Je n'étais pas satisfait de ma production. Je ne pouvais pas garder les femelles pour la reproduction. Les brebis croisées n'étaient pas assez rustiques pour la transhumance, ce qui m'obligeait à avoir deux troupeaux. J'ai vite abandonné. Je suis revenu à mes Préalpes et tant pis pour le label !* »

Alors que les éleveurs français s'obstinent dans l'erreur productiviste, les importateurs d'agneaux en provenance du Royaume-Uni, d'Irlande et dans une moindre mesure de Nouvelle-Zélande et d'Australie se font la part belle. Oubliée la crise de la fièvre aphteuse

---

1. François Léger, *Les structures de développement face aux nouveaux « enjeux qualité » en production de viande*, École nationale supérieure agronomique de Montpellier-INRA-SAD/LECSA.

CONSommateurs, révoltons-nous !

qui a frappé les îles Britanniques en 2001 ! Tous les ans, dès le mois de juin – c'est la grande saison de l'agneau outre-Manche –, gigots et côtelettes « *made in U.K.* » prennent place dans les linéaires de la grande distribution. Cet agneau ne manque pas d'arguments : 2 ou 3 euros de moins par kilo que le « *made in France* », de quoi aguicher les chalands tout l'été. À lui les promotions et les têtes de gondole !

Vous vous interrogez, CONSommateurs : pourquoi l'agneau anglais est-il moins cher que l'agneau français ? Traversez la Manche, vous comprendrez. Les Anglais ne forcent pas leur nature, les éleveurs se contentent de faire fructifier leur précieux patrimoine : les prairies.

Les producteurs anglais, propriétaires de plusieurs centaines de bêtes, pratiquent l'élevage extensif. Loin du productivisme français, ils ne connaissent pas la « désaisonnalisation », les éponges de progestagène non plus. La brebis anglaise agnelle au printemps, quand l'herbe devient grasse et généreuse. Après la mise bas, mère et progéniture ne s'attardent pas dans les bergeries, tout le monde file au pâturage : de l'herbe à tous les repas, s'il vous plaît, pas de granulés dans l'auge. Les Anglais n'ont rien trouvé de meilleur... surtout rien de moins cher, raison pour laquelle ils réussissent beaucoup mieux que leurs homologues français à la tête de bergeries intensives. Et contrairement à ce qu'on pourrait croire, l'agneau britannique n'est pas de moins bonne qualité que l'agneau français, bien au contraire.

Dès 1973, quand les Anglais ont rejoint la Communauté européenne, la brebis française a su qu'elle était condamnée. Si la Grande-Bretagne peut se permettre de nous expédier ses moutons, c'est parce qu'elle continue à importer, au titre de ses anciennes relations avec les pays du Commonwealth, de grosses quantités d'agneaux en provenance de Nouvelle-Zélande. De

Agneau

négociation internationale en négociation internationale, cette dernière a obtenu un quota d'exportation vers la Communauté européenne exempt de droits de douane. Outre que le principe de la préférence communautaire[1] a été bafoué, ces exportations néozélandaises sont catastrophiques pour les éleveurs français, puisqu'elles se font au cours mondial, très inférieur au coût de production des éleveurs français et même des éleveurs britanniques.

La Nouvelle-Zélande est, on le sait, la patrie du mouton : 46 millions de têtes pour 4 millions d'habitants ! La moitié du territoire est occupée par des prairies, l'élevage y est encore plus extensif qu'en Grande-Bretagne. Imaginez un troupeau de 8 000 à 10 000 bêtes en liberté, sur 2 500 hectares d'herbe ! À l'origine, les Néo-Zélandais élevaient le mouton pour sa laine. Sa viande, sous-produit de l'activité lainière, était bradée, surgelée, sur le marché mondial. À la fin du siècle dernier, catastrophes en chaîne pour les éleveurs néozélandais : le cours de la laine s'effondrait – le synthétique faisait une percée plus que remarquée – et le gouvernement supprimait toutes les subventions à l'agriculture. Les uns après les autres, les éleveurs de moutons disparurent. Pendant longtemps, la vente de la laine avait payé le berger et les produits vétérinaires ; elle ne permettait même plus de rémunérer le tondeur. Les éleveurs qui avaient résisté à la tempête libérale tentèrent une révolution « marketing » : puisque nous ne voulions plus de la laine néo-zélandaise, nous aurions de la viande d'agneau fraîche. Le marché français était ouvert, les Néo-Zélandais foncèrent.

C'est ainsi qu'au début des années 2000, vous découvrez à votre porte du gigot « frais » néo-zélandais ou

1. Principe fondateur de la Politique agricole commune qui dresse des barrières douanières aux frontières, pour donner la préférence aux produits agricoles de l'Union européenne.

australien à moins de 6 euros le kilo, la moitié du prix du gigot français. Vous ne manquez pas de vous interroger : comment de la viande « fraîche » produite à 20 000 kilomètres de chez vous peut-elle débarquer dans la grande distribution à un prix défiant toute concurrence locale ? Vous réfléchissez, vous calculez.

— Les frais de transport par avion devraient normalement multiplier le prix par quatre.

— Certes, mais cette viande ne voyage pas par avion.

— Elle n'est donc pas fraîche ?

— Oui et non... Le monde de la viande a son propre langage, l'arnaque réside précisément dans le mot « frais ».

— Qu'est-ce que c'est que cette nouvelle carambouille ?

— Cela s'appelle le *chilled.* Et il est promis à un bel avenir. Je vous explique.

Après l'abattage de l'agneau, la viande est conditionnée sous atmosphère contrôlée – un mélange de gaz qui stoppe sa maturation biologique. Elle peut ainsi voyager plusieurs semaines dans les cales d'un cargo. Sitôt livrés, les gigots sont déballés, le temps de reprendre quelque couleur – sous vide ils noircissent –, puis emballés comme de la viande fraîchement abattue, avec une date limite de vente de quatre à cinq jours. À ce petit jeu, peu délicat, la viande ne gagne rien en qualité.

Le *chilled* n'offusque personne, au contraire, il donnerait quelques idées – mauvaises – aux abattoirs français. Pourquoi, quand l'offre est pléthorique, à Pâques par exemple, brader des gigots ? Ne serait-il pas plus rentable de les conditionner sous vide, les stocker et les faire réapparaître comme de la viande fraîche lorsque les cours remontent ? Vous ignorez tout de ces tripatouillages, personne ne vous tient au courant, jusqu'aux nouveaux apôtres de la traçabilité qui se gardent de vous mettre dans la confidence.

Agneau

L'Office interprofessionnel de la viande prétend que la grande distribution dégagerait de 90 % à 100 % de marge sur les gigots importés à la mode *chilled*. On peut le comprendre. Les Néo-Zélandais vendent au cours mondial, se contentant d'expédier des gigots et des épaules, les plus appréciés par LES CONSommateurs. Le marchand de viande est déchargé du souci de valoriser une carcasse entière, notamment les bas morceaux. Dans l'agneau, rappelons-le, quand on a retiré les deux gigots, les deux épaules et les côtes, dits nobles, il reste le collier et la poitrine, bon marché, qui entrent en principe dans la composition des ragoûts et navarins.

Vous ne savez plus, adeptes du micro-ondes et des plats soi-disant « diététiques », ce que sont les préparations mijotées, selon vous trop longues, trop compliquées à réaliser. Et comme vous ne fréquentez plus votre boucher de quartier, vous n'avez aucune chance de vous laisser séduire par ces recettes faciles à réaliser, le navarin d'agneau aux légumes primeurs, par exemple. Vous errez seuls devant l'amoncellement de barquettes de la grande distribution, dans l'impossibilité de demander conseil à un vendeur occupé à emballer et étiqueter la viande prédécoupée. Aurait-il le temps qu'il serait incapable de vous informer, de vous conseiller, il n'a de boucher que le titre.

Où est passée la viande de brebis et de mouton ? Les agneaux ont-ils encore un père et une mère ? Une mère sûrement, la science n'a pas encore élaboré, pour obtenir un agneau, de technique plus efficace que la mise bas d'une brebis. Le père, lui, doit souvent s'effacer devant la seringue de l'inséminateur.

La viande de brebis a disparu des étals tout simplement parce qu'elle n'est plus digne d'y figurer. Comme sa consœur la Holstein de réforme, la brebis arrive à l'abattoir en piteux état, après une vie entière enfermée dans une bergerie, à manger des granulés et à porter des agneaux ; cela n'arrange pas la carcasse. Quand vous saurez que la brebis fait également l'objet d'un trafic de primes européennes, vous comprendrez la perversité du système : les primes compensatoires ovines, PCO dans le parler professionnel, sont attribuées par tête de brebis. Outre que ce mode de distribution avantage les grands troupeaux des élevages intensifs, les PCO, consenties sans l'engagement élémentaire que la brebis agnelle en retour, encouragent les éleveurs à garder leurs femelles le plus longtemps possible : « *Elle est bien vieille. Elle ne fait plus d'agneau, mais elle va encore pour la prime* », nous avoue un éleveur, dévoilant le pot aux roses, en parlant de sa brebis claudiquante. La malheureuse a dû finir comme ses congénères en plats cuisinés ou en boulettes pour chiens. Encore un exemple qui illustre que, pour favoriser l'initiative, la Politique agricole commune, laxiste, donne souvent l'avantage à la médiocrité. La filière ovine ne fait pas exception à la règle.

Ne soyons pas pessimistes : certains éleveurs s'obstinent dans un schéma traditionnel, autrement dit exceptionnel, et réussissent. C'est le pari tenu par quelques éleveurs du pays Toy, dans les Pyrénées. Ils viennent de décrocher une AOC, pour leurs brebis et moutons « Barèges Gavarnie ». Le système de production de ces paysans, installés sur les pentes de Luz-Ardiden, près du pic du Midi et du cirque de Gavarnie, repose sur deux des richesses de leur région : l'herbe et la race barégeoise. Opposés à l'insémination artificielle et à l'éponge de progestagène, ils ont décidé de respecter à la fois l'animal et les saisons. Les brebis agnellent naturellement au retour de transhumance et, l'hiver, allaitent leurs petits en bergerie. Aux beaux jours, mères et jeunes agneaux

Agneau

prennent le chemin des montagnes, 25 000 hectares de pâturages collectifs. Les troupeaux engraissent doucement, les mâles sont castrés, les femelles devenues adultes remplacent les brebis réformées après seulement quatre ou cinq transhumances, ou quatre ou cinq mises bas. À la descente de leur second estivage, les moutons, alors baptisés « doublons », sont envoyés à la boucherie. Les éleveurs ont obtenu la construction d'un abattoir de proximité, déjà cinq bouchers et une dizaine de restaurateurs de la région se sont engagés à valoriser tous les morceaux, y compris les moins nobles, des moutons et des brebis « Barèges Gavarnie ».

Amis, gardez le moral. Vous pouvez, bien sûr, vous satisfaire d'une qualité moyenne ou supérieure, agrémentée d'une certification ou d'un label. Ne vous en contentez pas, recherchez toujours l'excellence. Que de plaisirs, quand vous l'aurez découverte ! Sachez que derrière tant de bonheur, il y a souvent un éleveur, un homme de caractère, rejetant les diktats de la profession, refusant de courber l'échine devant la toute-puissance de la grande distribution, dédaignant les hochets de la qualité. Sa plus belle récompense, c'est votre reconnaissance, vos émotions simples. Cet éleveur vit-il dignement ? Voilà la bonne question. Oui, il vit dignement de son travail et de la satisfaction qu'il en retire. Ses collègues industriels ne peuvent pas en dire autant, tant ils sont inféodés aux marchands de granulés, aux coopératives, aux banques, tributaires des aides et subventions européennes, insuffisantes néanmoins à effacer les ardoises. Ces industriels savent-ils seulement pourquoi ILS exercent leur métier, si ce n'est pour repousser l'échéance inéluctable de la faillite ?

CONSommateurs, debout ! Donnez-vous les moyens de retrouver qualité et plaisir. Ça n'est pas impossible en France, aujourd'hui, pour peu que vous le vouliez.

Œufs

Voilà déjà une heure que je vous suis dans l'hypermarché où vous avez vos habitudes. Bravo ! Salade en sachet, *Knacki, nuggets* de poulet, lait UHT, râpé de surimi, emmental breton pasteurisé, pizza surgelée, *soft drinks*, jambon de dinde tranché... Tous les pièges des sollicitations « marketing » se sont refermés sur vous. Penauds, vous vous emparez, comme vous saisiriez une bouée de sauvetage, d'une boîte de six **œufs** label Rouge. Malheureusement, mais vous l'ignorez, ils appartiennent eux aussi aux arnaques « marketing », au même titre que le râpé de surimi et le jambon de dinde.

Label Rouge ?... Quelle différence faites-vous entre « premier prix », « label Rouge », « datés du jour de ponte », « frais », « extra-frais », « biologiques », « issus de poules élevées au sol », « issus de poules élevées en plein air », « issus de poules élevées en liberté », « enrichis en oméga 3 », ou encore « avec OGM » ou « sans OGM » ? Avez-vous choisi spontanément ou avez-vous pris le temps de réfléchir ? Avez-vous remarqué que les prix varient du simple au quintuple ? Êtes-vous conscients que les marchands multiplient les marques, les appellations, les labels, pour mieux vous égarer dans leur dédale ? Que ces dénominations cachent le même œuf, ou presque ? Avez-vous essayé, dans une dégusta-

Œufs

tion à l'aveugle, de les différencier ? Savez-vous qu'en sabir « marketing » cette aberration porte un nom : la segmentation ? Véritable entourloupe.

Avant de vous proposer une nouvelle version de la sempiternelle histoire de la poule et de l'œuf, je voudrais vous rappeler que l'œuf est composé de trois éléments : la coquille, imperméable et poreuse, qui permet des échanges gazeux avec l'extérieur ; le jaune, cellule géante de l'ovule qui contient toute l'information génétique du futur embryon si la poule a été couverte par un coq, et seulement les gènes de la poule pondeuse en l'absence de reproducteur ; quant au blanc, qui entoure le jaune, il ne participe pas à la reproduction, mais offre les réserves nécessaires au développement du futur embryon. Si les poules ont besoin d'un coq pour concevoir un poussin, elles peuvent parfaitement s'en passer pour pondre. Pour celles qui ont la chance de vivre en pleine nature, la ponte quotidienne n'est pas une obligation, elle est fonction de leur humeur et surtout de la saison : les poules, généreuses au printemps et en été, se montrent plutôt avares en période de mue, quand la lumière du jour décline, la nourriture se raréfie. Il n'y a pas si longtemps, on conservait dans la saumure les œufs pondus aux beaux jours, pour les consommer en hiver, quand ils devenaient chers. Aujourd'hui, l'œuf extra-frais est réservé, à la coque ou en omelette, à l'élite.

À la fin de la Seconde Guerre mondiale, la basse-cour française vivait à l'heure du Moyen Âge. Le terme d'élevage était impropre : les poules en liberté, sans poulailler fixe, passaient l'été la nuit à la belle étoile, se réfugiaient l'hiver dans les étables, personne ne s'en préoccupait. La mortalité était considérable, une

CONSommateurs, révoltons-nous !

grande partie des poussins finissait décimée par les maladies infectieuses, dévorée par les prédateurs ou pire emportée par les pluies d'orage. La poule, friande de lombrics et d'asticots, se nourrissait au gré de ses promenades, au mieux dans les chaumes et les pâtures, au pire sur les tas de fumier ; la poignée de grains jetée par la fermière n'était pas sa quotidienneté. La poule pondait où bon lui semblait, l'œuf souillé par la terre et les fientes n'était pas toujours indemne de listéria ou de salmonelle ; si de surcroît il n'était pas ramassé tous les jours, sa fraîcheur n'était pas garantie.

Outre que le prix de l'œuf augmentait, comme le coût de la vie, et devenait objet de polémique, la France se retrouva dans une situation ubuesque. Elle importait des œufs pour satisfaire la demande, elle exportait sur le marché européen ses excédents d'orge et de blé. Surplus de grains qui repassaient la frontière quelques mois plus tard, transformés en poulets ou en œufs par des éleveurs étrangers. En 1951, le gouvernement, déterminé, entendit mettre la poule française au pas. De la discipline, s'il vous plaît ! Comme toujours en pareilles circonstances, on envoya une mission d'étude aux États-Unis. Quelle révélation ! « *Une spéculation de pays neuf ayant incorporé les progrès de la zootechnie.* » Les fonctionnaires français en revinrent tout décontenancés : « *Comparée à l'aviculture américaine, l'aviculture française est restée dans l'empirisme avec un siècle de retard.* » Alors que la poule française se baguenaudait, la poule américaine était déjà séquestrée. Les chercheurs américains avaient découvert – après travaux sur le rapport entre la lumière et la physiologie de la ponte – que pour obliger la poule à pondre toute l'année, hiver comme été, de préférence un œuf par jour, il fallait la priver de promenade, la cloîtrer dans un bâtiment éclairé artificiellement au minimum quatorze heures d'affilée.

Aussitôt dit, aussitôt fait. Les poules françaises décou-

Œufs

vrirent la batterie. Sans plaisir. Elles se révoltèrent, donnèrent du fil à retordre aux apprentis éleveurs. C'était bien compréhensible. Toutes ces poules rustiques habituées au grand air, soudain enfermées à cinq ou six par cage, privées de coq et de parties de cuisse en l'air du jour au lendemain, rien d'étonnant à ce qu'elles aient déprimé ! Elles ont fait la grève de la faim, se sont plumées entre elles, à coups de bec d'une violence inouïe ; il fallut les équiper de petites œillères, comme les juments nerveuses sur les champs de course. Seulement voilà, privées de lumière, elles ne pondaient plus. Par ailleurs, la promiscuité faisait le bonheur des microbes, la pullorose exterminait les jeunes poussins, les coccidioses se répandaient sur les litières, foudroyant tout sur leur passage, un œuf sur deux s'écrasait dans la fiente. La batterie française virait au fiasco, d'autant que les éleveurs de volailles devaient acheter l'aliment au prix fort chez le marchand de farines.

Ils étaient sur le point de capituler quand la solution arriva... des États-Unis : les généticiens américains avaient « fabriqué » une poule capable de supporter la vie en batterie. Un volatile pas très grand, s'apparentant plutôt aux races naines, des plumes marron, un naturel calme, un appétit de moineau, qui pondait sans discussion un œuf par jour. La poule parfaite. Baptisée Isabrown. Un défaut toutefois : ses œufs étaient d'une navrante insipidité. Peccadille ! Les Français ne recherchaient pas le plaisir, seulement des prix bas. L'Isabrown pondait un œuf bon marché, pas question de laisser filer pareille aubaine. Les poulaillers industriels français l'adoptèrent aussitôt pour le meilleur... et pour le pire. Cinquante ans plus tard, neuf pondeuses françaises sur dix descendent de cette souche américaine.

Curieux de nature, nous sommes allés leur rendre visite quelque part en Picardie. Dans un bâtiment d'une

CONSommateurs, révoltons-nous !

centaine de mètres de long, lumière tamisée, ventilation ronronnante, cent mille poules, à raison de cinq par cage, sont installées en batterie sur huit étages, chacune disposant de 560 centimètres carrés, environ la surface d'une feuille de papier standard. Leur vie est minutieusement réglée : pas question de sortir, elles mangent, pondent, défèquent sur place, consacrant toute leur énergie à faire des œufs ; la température côtoie en permanence les 24 °C, la chaleur animale mélangée aux effluves de fiente tord le nez des visiteurs. Tout est étrangement calme, elles tournent la tête à droite, à gauche, d'un mouvement saccadé, quand soudain – à 14 heures précises – elles se redressent, le caquètement monte en gamme ; le distributeur automatique – un petit chariot sur rails – délivre la pâtée ; quelques frottements de plumes et la tête de la poule, d'un mouvement rapide et rythmé, plonge dans le mélange de céréales, soja, vitamines et minéraux. Entre deux becquées, elle aspire l'eau du tube distributeur.

Tout est soigneusement calculé, au gramme près, en un savant équilibre entre les exigences biologiques de la poule et les contraintes économiques de l'éleveur. D'un côté, la poule, son besoin d'avaler 138 grammes de farine pour pondre un œuf ; de l'autre, l'aliment qui représente plus du tiers du coût de la production, 3 cents d'euro par œuf. L'éleveur vit dans la terreur permanente que sa machine à pondre se dérègle. Imaginez que chacune des 120 000 poules de l'atelier s'autorise un supplément de 5 grammes par jour, soit à peine une becquée : les comptes vireraient au rouge ; le manque à gagner s'élèverait à 40 000 euros. On est loin de la poignée de grains approximative que lançait la fermière !

Une fois par jour, la poule pond un œuf. Ce dernier tombe sur un tapis roulant qui l'entraîne vers un centre de conditionnement où il est mis en boîte automatiquement. L'œuf a évité tout contact avec la fiente et les

Œufs

souillures. Voilà de quoi satisfaire les industriels et leur fournir leur meilleur argument : l'œuf est « sanitairement correct ». Ouf ! Les industriels ont eu peur, c'est qu'ILS marchent... sur des œufs, les salmonelles sont en terrain favorable. Depuis les graves crises sanitaires des années 1980, les plans de contrôle sont nombreux et draconiens, les punitions sévères. ILS savent qu'à la première alerte, les gendarmes de la Direction des services vétérinaires vont débarquer et envoyer les 100 000 pondeuses à la casse. C'est ce qu'on appelle le principe de précaution.

Pour les poules, la journée s'achève à 20 heures. Extinction des feux, elles s'endorment immédiatement. Dix heures plus tard, elles sont réveillées par la lumière des projecteurs, la machine à pondre se remet en route. Premier réflexe : plonger le bec dans la pâtée. En route pour quatorze heures de travail !

La carrière d'une poule industrielle est éphémère : elle commence à la dix-huitième semaine, se termine à la soixante-cinquième. Après douze mois d'activité intensive, la poule perd ses plumes, mange trop, pond moins et la coquille de ses œufs devient fragile. Ni sensiblerie, ni attendrissement, direction l'abattoir ! L'Isabrown n'a pas été sélectionnée pour produire de la viande, mais pour pondre. Après quarante-sept semaines d'enfermement et de ponte intensive, elle n'est plus qu'un tas d'os, indigne d'être transformé en poule au pot. Elle fait les choux gras de l'industrie de la conserve et du plat cuisiné.

Exhortée par les associations de défense du bien-être des animaux, la Commission européenne s'est émue du sort des poules de batterie. Les arguments des industriels de l'œuf – « *Nous produisons un œuf sûr sur le plan sanitaire et bon marché. Nos poules ne sont pas malheureuses !* » – ont laissé de marbre les commissaires qui ont décidé qu'en 2012, c'en sera fini de l'élevage en cage ; toutes les poules seront élevées au sol. Jolie révolution en perspective dans les poulaillers ! Un gage de bonheur ? Rien de moins sûr : 15 000 poules rassemblées dans un bâtiment sans fenêtres, à raison de 9 poules au mètre carré, ce nouveau schéma n'offrira rien de champêtre.

Les ingénieurs de l'INRA ont tenté – une fois n'est pas coutume – d'élever la voix : « [ce type d'élevage] *augmente les risques de blessures graves provoquées par les coups de bec des congénères. Ces comportements sont encore mal compris. Ils peuvent aller jusqu'à la mort de l'animal. C'est pourquoi la pratique consistant à couper le bout du bec des poules est autorisée dans les élevages au sol.* » Qu'est-ce qui est préférable ? La batterie ou le supplice du « débecquage » ? Et si on demandait aux poules ? Les experts de Bruxelles ne leur ont pas encore posé la question.

Autre interrogation en suspens : comment déployer 50 millions de poules pondeuses au sol sans multiplier les poulaillers industriels ? Les défenseurs du bien-être des poules ne vont pas manquer de s'élever contre leur installation « sauvage » sur tout le territoire.

L'INRA, apparemment opposé au projet de la Commission européenne, dénonce un retour en arrière sur le plan sanitaire : « *La fréquence des œufs cassés ou souillés est augmentée par rapport à l'élevage en batterie, d'où un risque sanitaire accru pour le consommateur. Le parasitisme est plus important, avec par voie de conséquence des traitements plus fréquents, donc des problèmes de résidus médicamenteux dans les œufs.* » Il faut effectivement faire un choix, mais surtout réfléchir au préalable.

Que veulent les tenants du bien-être des animaux ? Des poules au sol ou des œufs sans reproche sur le plan microbiologique ? On constate – on l'a déjà vu à propos des veaux élevés sous la mère – que les techniciens de Bruxelles se révèlent plus attentifs au sort de l'animal qu'aux aspirations DES CONSommateurs. Loin de

Œufs

nous l'intention de remettre en question le nécessaire bien-être de la poule pondeuse, mais il faut admettre que les demi-mesures envisagées n'améliorent pas sa condition et n'offrent aucun avantage AUX CONSommateurs. Ce serait plutôt le contraire.

L'œuf d'une poule élevée au sol est-il plus goûteux que celui d'une poule de batterie ? Comme si c'était là le souci de la Commission de Bruxelles ! D'ailleurs, que savent les scientifiques du goût de l'œuf ? Il dépend de l'alimentation, de la surface disponible pour s'ébattre, et surtout de la race. À supposer qu'on puisse offrir à l'Isabrown six hectares de parcours herbeux pour se promener, son œuf n'en serait pas plus agréable au palais. En revanche, remplacer cette « machine à pondre » par une race rustique – les collectionneurs ont par bonheur sauvé quelques spécimens de l'extinction –, lui donner la liberté, la vraie, la nourrir de bons grains, la laisser picorer quelques vers de terre, cela fera des heureux : la poule et... LES CONSommateurs, car les œufs ramassés le jour même seront autrement plus savoureux.

Ce projet de poules élevées au sol est une imposture. Outre qu'il encourage les associations soucieuses du bien-être animal à poursuivre leurs démarches, il laisse miroiter une amélioration qualitative du contenu de nos assiettes, tout en nous permettant de nous donner bonne conscience à peu de frais. L'hypocrisie « marketing » des productions dites « alternatives » ou « fermières » – élevage en plein air, élevage en liberté, élevage biologique, élevage label Rouge... – nous assène l'image – par ailleurs caricaturale – de la tradition : les poules couraient dans les prés, la fermière ramasserait les œufs pondus dans la paille... jusqu'à l'angélus qui sonnerait au clocher du village.

Si vous voulez vous rendre compte de l'outrecuidance avec laquelle les producteurs d'œufs label Rouge se moquent de vous, visitez leur site Internet et découvrez jusqu'où peut aller le mensonge « marketing » : « *Les poules vivent en effet à la ferme avec l'entière liberté de gambader dans les prairies pour manger de l'herbe, des céréales mais aussi des vers, des cailloux... C'est-à-dire tout ce dont elles ont besoin pour faire un œuf de qualité. Le soir, elles rentrent au poulailler pour la nuit et au petit matin elles pondent leurs œufs dans de petits nids en bois garnis de paille, comme autrefois. Les œufs sont ensuite délicatement ramassés par la fermière.* » CONSommateurs, vous ne pouvez pas croire de tels mensonges, ou alors je ne vous reconnais plus... Interrogé sur cette imposture, l'un des deux plus gros marchands d'œufs français a répondu, sarcastique : « *Nous vendons nous aussi une part de rêve.* » Et quoi encore ?

Car il faut le voir pour le croire. Voir les coulisses de cette « machine à fabriquer du rêve ». C'est qu'on n'entre pas dans un élevage de poules de plein air – « *en liberté* » – comme dans un moulin. La surveillance est aussi rigoureuse que dans une centrale nucléaire. Nous avons dû, avant toute chose, revêtir une combinaison blanche, nous coiffer d'une charlotte et nous couvrir la bouche d'un masque avant que le propriétaire des lieux nous autorise à pénétrer dans l'antre de ses précieux gallinacés. Nous n'étions pas au bout de nos surprises. Obligation également de réviser notre vocabulaire : « fermier », « plein air », « liberté », « libre parcours » ne correspondaient pas exactement à l'idée que nous nous en faisions. Dans un bâtiment fermé, 5 000 à 8 000 poules se marchaient sur les ergots, nous obligeant à slalomer dans la fiente. L'odeur était presque irrespirable, l'ambiance nerveuse. Les poules portaient les mêmes petites œillères rouges qu'il y a vingt-cinq ans, « *pour éviter qu'elles se piquent* », nous expliqua l'éleveur, un peu gêné. Au centre du bâtiment, des perchoirs ; leurs concepteurs avaient dû s'amuser à les imaginer, les poules les ignoraient. Dans des nids, elles pondaient sur du caoutchouc noir. Perplexes, nous

Œufs

nous sommes demandé où était la paille. Pas de réponse, notre guide nous a entraînés vers l'extérieur. Effectivement, les poules avaient accès à une aire de promenade, aussi verdoyante qu'un boulodrome. Comme les aoûtiens des plages de Palavas-les-Flots, agglutinées les unes contre les autres, elles ne formaient qu'une seule et unique masse informe. Nous avons osé – la question nous brûlait les lèvres depuis un moment – nous enquérir de la différence entre « libre parcours », « plein air » et « liberté ». Affaire de mètres carrés, nous sommes-nous entendu préciser : 2,50 mètres carrés de parcours herbeux par tête pour les poules « plein air », 4 mètres carrés pour les « libre parcours » et les « liberté ». Quand le producteur aura obtenu un label Rouge, les « plein air » disposeront de 5 mètres carrés, les « libre parcours » de 10 mètres carrés. En patois « marketing », cette liberté conditionnée se traduit par « élevage fermier » ! Et l'alimentation, fermière, elle aussi ? Notre cicérone, embarrassé – ça se conçoit aisément –, admit que même si les poules, sur leurs 5 ou 10 mètres carrés attitrés, pouvaient picorer un vermisseau par-ci, un vermisseau par-là, leur pitance était pour l'essentiel identique à celle de leurs congénères de batterie : industrielle ! Un mélange de céréales, soja, colza, tournesol, pois, vitamines et sels minéraux, préparé par un fabricant d'aliments pour bétail. Vous l'avez compris, rien n'est cultivé sur la ferme. Il s'agit, dans leur jargon d'initiés, d'un « élevage hors sol ». « Hors sol » ! De quoi vous dégoûter de manger des œufs.

L'appellation « fermiers » apparaît comme tout aussi usurpée quand on apprend que ces élevages dits « familiaux » sont sous la coupe d'un grand groupe industriel agro-alimentaire qui leur fournit les poussins, l'alimentation, les médicaments vétérinaires, et leur achète à un prix fixé par contrat les œufs produits dans l'année. Ce

CONSommateurs, révoltons-nous !

montage économique a un nom : l'intégration. Champêtre, vous avez dit champêtre ?

Dans ces élevages prétendument « fermiers », dits « intégrés », l'aliment est-il garanti sans OGM ? Non, assurément non. Dans 99 % des cas, les poules absorbent quelques gâteries transgéniques. C'est un secret de polichinelle : que l'œuf soit « plein air », « libre parcours » ou « label Rouge », il ne saurait être garanti à 100 % sans OGM. Et pour cause. Les industriels ont imité leurs collègues des élevages laitiers, ILS ont, pour remplacer les farines de viande dans la ration des poules, importé massivement du soja en provenance des États-Unis. Un soja depuis bien longtemps génétiquement modifié par les OGM. Conclusion : nous mangeons, à de très rares exceptions près, des œufs pondus par des poules qui picorent transgénique malgré elles.

Timidement, quelques efforts furent entrepris pour mettre sur pied des filières « œufs garantis sans OGM », dont une à l'initiative du groupe Matines, acoquiné avec le marchand d'aliments breton Glon. Manque de chance, M. Glon est sous le coup de poursuites judiciaires pour importation illicite de farines de viande anglaise ! Le « marketing », on le sait, ne s'embarrasse pas de morale. L'initiative a fait long feu, car nourrir des poules avec du soja d'origine française – donc garanti sans OGM – aurait augmenté le coût, et donc le prix de l'œuf d'environ 10 %. Seulement là, CONSommateurs, vous n'êtes plus d'accord. Quand on vous interroge, à grand renfort de sondages, vous vous révélez farouchement opposés aux OGM mais, devant les linéaires, vos convictions chancellent à la lecture des étiquettes.

Le groupe de distribution Carrefour campe néanmoins sur ses positions anti-OGM. L'enseigne affiche des engagements précis : tous les œufs vendus sous sa marque sont issus de poules nourries avec un aliment garanti sans OGM. Carrefour, compte tenu de ses

Œufs

implantations dans le monde, a monté avec les fabricants d'aliments et les producteurs d'œufs une filière d'importation de soja non transgénique, en provenance du Brésil, dernier sanctuaire, avec l'Europe, des plantes garanties sans OGM. Combien de temps se poursuivra cette belle initiative ? À l'heure où nous écrivons ces lignes, le Brésil, deuxième producteur mondial de soja, baisse à son tour la garde devant les OGM. Bravant les interdictions officielles, les agriculteurs, y compris « les sans terre », plantent du soja génétiquement modifié. Le 7 août 2003, contre l'avis du président Lula, partisan convaincu de la poursuite du moratoire sur les OGM, la justice brésilienne a octroyé une victoire à la multinationale américaine Monsanto[1] en levant l'interdiction de planter et de vendre du soja transgénique.

CONSommateurs vigilants, vous avez décidé que vous ne mangeriez que des œufs dits « biologiques », officiellement garantis sans OGM. Soit. Osons-nous toutefois instiller quelques doutes dans vos convictions ? Vous informer que les poules pondeuses « bio » ne naissent pas de parents élevés selon les principes de l'agriculture biologique ? Vous avouer que, jusqu'à leur douzième semaine, soit six semaines avant de pondre leur premier œuf, elles reçoivent toutes, sans exception, une alimentation et des soins vétérinaires standard, comme de vulgaires poules de batterie ? Qu'en dites-vous ? Vous acceptez de payer un œuf « bio » quatre à cinq fois plus cher qu'un œuf « normal », sans avoir la certitude que vous ne courez aucun risque ? Ébranlés dans vos certitudes, vous vous attachez au goût, bien supérieur selon vous quand l'œuf est « bio ». Nous vous avons expliqué qu'il dépend en grande partie de la race de la poule, accessoirement de ce qu'elle mange. Après de nombreuses visites dans les poulaillers industriels,

---

1. Groupe spécialisé dans la production de semences et pesticides, inventeur et promoteur des OGM.

CONSommateurs, révoltons-nous !

nous avons constaté que, quel que soit le mode d'élevage, les poules sont nourries à la même enseigne industrielle, ce ne sont pas les quelques asticots dont elles se délectent au cours de leur promenade surveillée qui mettent en transe vos papilles. Une étude récente[1] de l'AFSSA, Agence française de sécurité sanitaire des aliments, concernant les productions biologiques, a abouti – les termes sont plus alambiqués – au même constat que le nôtre : « *L'influence de l'alimentation de la poule pondeuse n'affecte pas la composition des constituants majeurs de l'œuf (pourcentage de lipides, de protéines) mais affecte le profil des acides gras et la concentration d'éléments en faible concentration, vitamines et certains oligo-éléments (iode, sélénium). Les aliments utilisés en agriculture biologique diffèrent peu pour leurs acides gras ou oligo-éléments. Il est donc peu probable que le mode de production biologique ait des conséquences notables sur la valeur nutritive de l'œuf.* » Convaincus maintenant ?

On pourrait espérer une quelconque amélioration du goût en revenant aux races rustiques, mais aucun éleveur n'a osé trahir la valeureuse Isabrown. En semi-liberté, elle est presque aussi prolifique qu'en batterie – les statistiques sont tout à son honneur –, elle pond en moyenne 280 œufs au cours de sa carrière, seulement 20 de plus en cage. Ovation debout, s'il vous plaît !

Savez-vous qu'au palmarès des calembredaines « marketing » – vous, CONSommateurs, n'êtes pas invités à participer –, la palme a été remportée haut la main par l'œuf label Rouge. Ce label, propriété du ministère de l'Agriculture, ne peut être accordé à un produit que si la plus-value gustative est avérée scientifiquement.

---

1. *Évaluation nutritionnelle et sanitaire des aliments issus de l'agriculture biologique,* juillet 2003.

Œufs

Les premiers à se lancer dans la compétition furent les producteurs de Loué, dans la Sarthe. L'initiative parut alors follement audacieuse car toutes les poules, à l'époque, vivaient encore en cage. Pour son retour au grand air, l'Isabrown fut croisée avec des races rustiques. Les résultats n'ont pas convaincu la commission des labels, la « plus-value gustative » ne sautait pas au palais. Néanmoins, tout bien réfléchi, les membres de ladite commission, dont le groupe LDC, propriétaire de la marque Loué – bizarre, comme c'est bizarre ! –, estimèrent qu'à l'heure où toutes les poules de France croupissaient en batterie, la mise en place de l'élevage en semi-liberté méritait une interprétation plus large des textes : l'œuf de Loué a été couronné d'un label Rouge. Inadmissible !

Désireux de profiter eux aussi du filon, les concurrents se mirent sur les rangs, et trois d'entre eux décrochèrent la timbale. Pas plus que Loué, ils n'ont apporté la preuve de la moindre amélioration des qualités gustatives de l'œuf. L'un d'eux a voulu se singulariser, prétendant que ses œufs étaient pondus dans la paille, ramassés à la main par une fermière. Le cahier des charges ne précise pas si la fermière doit porter un fichu sur la tête et un tablier à carreaux.

Un critère permet de départager honnêtement les candidats : la fraîcheur. Pour choisir un œuf, il faut connaître le jour de ponte. Les industriels ont néanmoins réussi à convaincre les autorités de ne pas rendre obligatoire cette inscription sur la coquille ou l'emballage. Inouï, car cette information, capitale, doit être à la disposition de tous. Tartuferie de surcroît, puisque un rapide calcul suffit à déterminer ladite date de ponte : elle précède de vingt-huit jours la DCR, date de consommation recommandée, seule mention obligatoire sur la boîte.

Vous n'avez aucun souci à vous faire si vous achetez

des œufs « datés du jour de ponte » ou « extra-frais[1] ». Dans les autres catégories, vous devez vous contenter de la DCR. Préparez-vous toutefois à quelques surprises, car nous avons constaté que les œufs les plus chers – « label Rouge », « bio » et « plein air » – étaient souvent les moins frais, certains affichant honteusement une DCR sur le point d'être dépassée.

Alors, à quel œuf se vouer ? En ce qui nous concerne, nous avons toujours privilégié le plus frais, celui qui affiche sans détour sa date de ponte. Peu importe que la poule ait été élevée en cage ou en liberté surveillée, cela ne change strictement rien quant à la saveur de l'omelette. Les industriels essaient de nous rassurer avec leurs poules en plein air. Mieux, ILS anesthésient nos neurones. Car soyez honnêtes, CONSommateurs, ô combien vigilants sur la fraîcheur des œufs, vous interrogez-vous systématiquement sur leur provenance quand vous allez au restaurant, mangez de la mayonnaise industrielle, avalez à la hâte un plat cuisiné, savourez une pâtisserie supposée artisanale ? Sur les 15 milliards d'œufs pondus en France chaque année, 5 milliards finissent dans la filière des ovoproduits. Sous forme d'œufs liquides, blancs et jaunes lyophilisés, œufs durs au kilomètre, autant de cochonneries que les « marketeurs » ont inventées à l'intention de ceux qui considèrent que casser un œuf est une perte de temps et d'argent. Parmi eux, les industriels de l'agro-alimentaire, les intendants des cantines scolaires, restaurants d'entreprise et hôpitaux, ou encore les artisans indignes de leur statut, tels certains pâtissiers, glaciers, chocolatiers ou charcutiers.

---

1. Les œufs sont « extra-frais » jusqu'au neuvième jour après la ponte.

Bœuf

Pour vous, **le bœuf** serait un animal doté de quatre pattes, une queue et deux cornes ? Ses cornes, il les a perdues depuis que les beaux esprits de la recherche agronomique ont décrété qu'il fallait scier les cornes des bovins dès leur plus jeune âge. Plus de cornes et plus de couilles ! On l'a privé de ses attributs génitaux pour lui permettre de se développer et produire davantage de viande.

LES CONSommateurs, persuadés d'acheter du bœuf chez leur boucher, semblaient satisfaits... Jusqu'à ce qu'ils apprennent qu'ils ne mangeaient pas du bœuf, mais de la vache. Laquelle vache, pour assurer ses fonctions de reproductrice, faire des veaux, a recours au taureau qui, lui, échappant aux diktats des esprits savants, a conservé sa virilité.

Le 20 mars 1996, le ministre britannique de la Santé annonça à la Chambre des communes que dix personnes étaient mortes d'une forme inconnue de la maladie de Creutzfeldt-Jakob [1]. Pour un pavé – de vache et non de bœuf –, quel pavé ! Dix décès vraisemblablement provoqués par l'agent de l'encéphalopathie spon-

---

1. En 1920, Hans-Gerhard Creutzfeldt (1885-1964) décrit le premier cas d'encéphalopathie humaine. En 1921, Alfons Jakob (1884-1931) en dénombre cinq, dont deux avec spongiose.

giforme. Traduction en français : dix Anglais étaient peut-être morts pour avoir ingurgité de la vache folle.

Vous aviez entendu parler de ces histoires de vaches cinglées, la presse s'en était faite régulièrement l'écho. En Angleterre, les vaches folles se comptaient par dizaines de milliers : 160 034 cas officiellement recensés entre 1987 et 1996. Nous nous en amusions, nos experts étaient catégoriques : la France était à l'abri de pareille mésaventure. Nous autres, Français, bénéficions d'une chance exceptionnelle : nous échappons aux catastrophes. Souvenez-vous, les spécialistes avaient été formels, au printemps 1986 : le nuage radioactif de Tchernobyl s'était miraculeusement arrêté à nos frontières. En 1996, même conviction : la vache folle ne traverserait pas la Manche, nous serions épargnés.

Conviction... mais affolement. Branle-bas de combat dans les ministères. Le 21 mars 1996, vingt-quatre heures après l'annonce du ministre anglais, le gouvernement français décréta l'embargo sur la viande de bœuf britannique. Vous vous êtes étonnés. À juste titre. Il vous aurait suffi de manger une entrecôte ou un filet pour avoir le cerveau rongé par le prion ?... Vous auriez de surcroît ingéré de la viande anglaise sans le savoir ?...

Il faut vous rendre à l'évidence, vous en avez avalé de la viande anglaise, et plus que vous ne l'imaginez car, pendant que l'épidémie de la vache folle sévissait au Royaume-Uni, les sujets de Sa Très Gracieuse Majesté s'étaient bien gardés de consommer du bœuf britannique, indifférents au fait que le pays croulait sous les excédents. Une seule solution pour s'en débarrasser : les écouler pour une bouchée de pain sur le marché mondial.

De l'autre côté de la Manche, les marchands de viande achetèrent et revendirent d'énormes quantités. Les Français ont mangé, au cours de la seule année 1995, 100 000 tonnes de vache anglaise... Contaminée

Bœuf

ou non ? Seuls ceux qui ont développé ou développeront ultérieurement la variante de la maladie de Creutzfeldt-Jakob connaissent, ou connaîtront, la réponse. Malheureusement trop tard.

Et nous qui croyions nous régaler avec du bœuf bien de chez nous ! Difficile d'admettre qu'on importait de la viande alors qu'on prétendait notre production excédentaire. Eh bien, oui, la France était le dépotoir de l'Europe : elle a acheté, en 1995, 500 000 tonnes de viande étrangère, non seulement anglaise, mais également allemande, irlandaise... voire bulgare ou polonaise, soit un tiers de ce qu'elle a consommé. C'est une très vilaine histoire de gros sous. Les carcasses étrangères arrivaient en France à des prix défiant toute concurrence, les marchands de viande ne se privaient pas d'acheter à bas prix, pour revendre au cours normal. ILS ne s'en vantent pas, mais ILS ont gagné beaucoup... beaucoup d'argent.

Pourquoi et comment en sommes-nous arrivés là ?

Un petit retour en arrière s'impose, pour mieux comprendre le système imparable mis en place pour faire de l'argent.

Dans les années 1950, manger du bœuf était pour les masses laborieuses à la fois un gage de santé et l'accès à un statut social supérieur. Souvenez-vous, nos parents ou grands-parents n'allaient pas au boulot, ils allaient « gagner leur bifteck ». Les familles, selon leurs revenus, en mangeaient plus ou moins souvent, en quantité variable. En 1953, le kilo de bœuf coûtait environ 800 francs, le salaire horaire d'un ouvrier se situait autour de 10 francs ; il fallait travailler 80 heures pour acheter un kilo de viande. En 2002, un smicard s'offre un kilo de bœuf en moins de 3 heures de labeur. La viande rouge a, en se démocratisant, perdu ses quartiers de noblesse. Le bœuf, à l'égal du saumon ou du foie gras, produits d'élevage désormais très concurrentiels, ne peut plus prétendre régaler le dessus du panier.

À cette époque, pas si lointaine finalement, la traçabilité[1] – barbarisme inventé pour répondre à la crise de la vache folle – n'existait pas encore. En province, les bêtes – en partie pour des raisons sanitaires – ne franchissaient jamais les frontières du canton, elles étaient engraissées, abattues et consommées sur place. Le client connaissait souvent le bœuf qu'il mangeait et le paysan qui l'avait élevé ; il était exigeant et, parce qu'il savait apprécier la qualité, acceptait de payer son entre-côte au prix fort. Le boucher avait de la morale, il ne truandait jamais deux fois.

Dans les grandes villes, l'origine des bêtes était plus hasardeuse. À Paris, les abattoirs de La Villette ne se contentaient pas de drainer la production du Bassin parisien, ils recevaient aussi les premières bêtes impor tées. En 1950, les bouchers parisiens des Halles firent venir quelques vaches de réforme, des laitières hollandaises bon marché, mais de piètre qualité. Leurs clients, encore avertis, avisés, ne s'y trompèrent pas, ils boudèrent la carne venue du Nord.

Plus pour très longtemps... L'ouverture du Marché commun, l'industrialisation de la filière viande, la naissance de la grande distribution allaient semer la confusion. Une évolution de mauvais augure pour la boucherie de détail et la qualité de la viande.

Le boucher, fort de sa situation monopolistique, férocement individualiste, corporatiste, jaloux de sa position, avide de remplir son tiroir-caisse, se refusait à admettre que le prix de la viande de bœuf galopait plus vite que l'inflation ; il allait faire les frais de son entêtement... entraînant avec lui LES CONSommateurs.

1. De l'anglais *traceability*. Apparaît dans la langue française en 1994 (Le Petit Robert).

Bœuf

La population, alors en pleine explosion démographique, grondait contre la vie chère. Le pouvoir s'en agaçait lui aussi. Le 11 août 1953, M. Pleven, président du Conseil, lança ce que la presse baptisa « l'opération bifteck », donnant compétence aux préfets pour fixer par arrêté le prix limite de vente au détail des viandes de boucherie, de charcuterie et de cheval. La mesure fut interprétée comme un *casus belli* par la boucherie de détail : « *Elle rappelle un peu les opérations de la guerre de Corée,* fulminait le délégué général de la Fédération de la boucherie. *Il faut tout de même avouer entre nous qu'elle est largement péjorative en ce qui concerne les bouchers. Car enfin, habituellement, on ne réalise des opérations de ce genre que contre l'ennemi. L'ennemi numéro un en France serait-il donc la boucherie ?* » Jusqu'en décembre 1986, l'abrogation de la taxation de la viande fut l'unique cheval de bataille du Syndicat de la boucherie française. Pour de l'entêtement, ce fut de l'entêtement ! Également beaucoup de gâchis.

À l'autre extrémité de la filière, dans les campagnes, l'heure de la revanche avait sonné : le boucher puni, c'était au tour du maquignon de sortir du jeu. L'éleveur menant sa vache au bout d'une corde ne pesait pas lourd face à ce courtier impitoyable ; exploiteur des paysans, il était devenu l'ennemi à abattre. Dehors, l'homme à la veste noire qui achetait le bétail sur pied, dans les fermes ou les marchés en vif ! Les paysans et leurs syndicats décidèrent de s'organiser. Tous se voyaient déjà à la tête de coopératives et d'abattoirs, commercialisant eux-mêmes leur bétail, investissant dans des ateliers de découpe industrielle, allant jusqu'à fournir de la viande en barquettes à la grande distribution naissante. Celle-ci n'en demandait pas tant, mais pourquoi se priver ? Les supermarchés, en France, poussaient comme des champignons, la viande, enfin bon marché, démocratisée, devenait un produit d'appel, les clients se précipitaient, la génération steak-frites était née !

Le paysan, libéré du joug du maquignon et du chevillard, le boucher puni, sa disparition annoncée, LES CONSommateurs pouvaient bâfrer à bon prix, jusqu'à l'indigestion, les investisseurs de la grande distribution se frotter les mains, compter les liasses, le gouvernement applaudir. Tout le monde était content.

Les éleveurs ne savaient pas encore qu'ils s'étaient jetés dans la gueule d'un loup autrement plus vorace que maquignons et chevillards réunis. En 1960, Georges Chaudieu, observateur avisé du monde de la viande, en faisait la remarque, non sans ironie[1] : « *Ceux qui réclament de plus en plus fort des portions de plus en plus grosses de beefsteak pommes frites, dont ils ont déjà oublié la véritable saveur, se préparent ainsi peu à peu à la ration standard. Quelques économistes en mal de planification, quelques beaux discours, quatre articles de journaux, des émissions de télévision bien organisées, et les voilà, après avoir atteint puis dépassé le hamburger américain, prêts à manger protéines de pétrole et acides aminés de synthèse. Le pas sera franchi. L'ersatz aura tout conquis des cerveaux et des corps. La civilisation du beefsteak pommes frites aura préparé celle, encore pire, de la synthèse intégrale. A vrai dire, à ce stade il n'y aura plus de civilisation.* »

Il ne manquait plus que la vache folle pour parfaire ce tableau étonnamment prophétique. Patience, elle arrivait d'un pas tranquille.

Commencez-vous à ouvrir les yeux ? Le décor était planté, les acteurs pouvaient faire leur entrée.

Dans les années 1965-1970, les paysans découvraient les délices de l'agriculture intensive, la grande distribu-

---

1. *Boucher, qui es-tu ? Où vas-tu ? Ou la fabuleuse histoire des bouchers, celle d'hier, d'aujourd'hui et de demain*, Éditions Peyronnet.

Bœuf

tion devenait omnipotente, les industriels de la viande mettaient en place leur sinistre manigance, la gigantesque braderie du bœuf allait commencer. Carrefour, Leclerc, Euromarché, Mammouth et compagnie... s'arrogeaient le quasi-monopole de la distribution. D'abord 20 %, puis 30 %, 40 %, 50 %, 70 % et jusqu'à 80 % du marché du bifteck tombaient dans l'escarcelle de la grande distribution, indifférente à la mort programmée de la boucherie de détail, dont les rangs étaient de plus en plus clairsemés : 50 000 échoppes après la Seconde Guerre mondiale, seulement 20 000 à l'orée des « années vache folle ».

Face à la grande distribution, des sociétés émergeaient : Soviba, Charal, Bigard, Alliance. Des industriels de la viande, propriétaires d'immenses abattoirs et d'énormes ateliers de découpe, qui achetaient le bétail vivant sur l'ensemble du territoire, n'hésitaient pas à faire parcourir aux animaux des centaines de kilomètres avant d'atteindre, sans précautions ni soins, les sites d'abattage.

Imaginez ces gigantesques usines à viande engloutir des animaux de toutes origines – française ou étrangère –, de toutes races – laitière ou à viande –, de tous types – vaches, génisses, taurillons, bœufs, taureaux. Il en ressortait, pêle-mêle, des morceaux prêts à découper, du hamburger, de la viande en barquettes... L'appât du gain les rendit inventifs : apparurent les portions sous vide longue conservation, appelées fourreaux hebdopak[1], et les plats cuisinés. Époque « bénie » pour ces industriels de la VSOF, viande sans origine fixe, la traçabilité n'existait pas encore !

Vous, intimement convaincus que vous achetiez de la viande française, nourrie à l'herbe, sensible aux caresses de l'éleveur, vous en oubliez jusqu'à la notion

---

1. La viande « Charal » dans le langage populaire, du nom du premier industriel qui a lancé cette technique de conservation.

CONSommateurs, révoltons-nous !

de qualité. On vous parlait prix, meilleur prix, super prix, mais dans les rayons, le bœuf perdait sa place hégémonique, obligé de cohabiter avec le poulet, la dinde, le porc et le lapin, autant de viandes dites « blanches », bien meilleur marché depuis que les paysans avaient découvert les attraits de l'agriculture intensive. Pourquoi s'échiner trois ans durant à engraisser correctement un bœuf alors qu'en moins de quarante jours le sort d'un poulet de batterie était réglé ? Quant aux sinistres cochons sans gras, ils pouvaient parader sur les étals au bout de six mois. Un seul mot d'ordre : éliminer le facteur temps, élément pourtant essentiel de la qualité, mais partie intégrante du prix de revient. L'heure était aux chiffres... et aux lettres.

Grâce à la grille EUROPA, système de cotation des viandes mis en place le 5 juillet 1977 à Bruxelles, à la demande des éleveurs, n'importe qui pouvait s'improviser marchand de viande, chacune des lettres correspondant à une qualification de l'ensemble de la carcasse : E = extra-supérieure, U = très bonne, R = bonne, O = assez bonne, P = passable, A = viande destinée à la fabrication. Des lettres agrémentées de chiffres qui précisent la race – ou le croisement –, le sexe, l'âge, le poids... Sur la chaîne d'abattage, quelques secondes suffisent pour apprécier l'aspect d'une carcasse, sa conformation, la couleur de sa viande, les caractéristiques de son gras... Un coup de tampon et... suivante ! Désireux d'étendre leur spectre d'activité, des acheteurs de chemises au Sri Lanka ou de caleçons à Madagascar ont, en s'appuyant sur la grille EUROPA, supplanté les spécialistes de la viande.

La concurrence entre les viandes rouges et blanches allait complètement transformer les méthodes commerciales. Plus question de négocier, les industriels étaient condamnés à s'exécuter devant les diktats de la grande distribution.

Bœuf

Dialogue téléphonique authentique – le ton est glacial, les formules de politesse réduites à la portion congrue – entre un acheteur, pour le compte d'une enseigne de la grande distribution, et un vendeur, responsable de la commercialisation chez un industriel de la viande :

— 2 000 côtes de bœuf pour demain, tu peux ou pas ?

— Je peux, évidemment. Ça dépend du prix...

— 35 francs. Une promo !

— 35 francs ! Tu m'as bien dit 35 francs ? Tu sais combien je paie ma viande aux agriculteurs ?

— Tes agriculteurs, je m'en fous. C'est 35 francs ! Non négociable ! Les Allemands et les Hollandais sont prêts à me fournir à ce prix-là.

— T'es dur, très dur... D'accord.

— Je savais bien que nous allions nous entendre.

Et le vendeur, la conversation terminée, de se tourner vers son adjoint, rouage indispensable pour les basses besognes :

— Il faut livrer 2 000 côtes de bœuf. Prix négocié : 35 francs.

— 35 francs ! Comment je fais ?

— Tu te débrouilles.

— Mais c'est de la vente à perte ! À peine 2 francs du kilo ! On n'a pas le droit.

— T'occupe, on se refera sur la viande longue conservation. Rentre de la vache anglaise ! Là-bas, ils bradent à tout-va.

— Mais... les rumeurs ?

— Quelles rumeurs ?

— La vache folle...

— Fais ce que je te dis, j'ai mon compte d'exploitation à équilibrer.

CONSommateurs, révoltons-nous !

En quelques jours, les clients de l'hypermarché ont dévalisé le rayon boucherie des côtes de bœuf bradées à 40 francs le kilo. Personne n'était capable de préciser l'origine de la viande, pas même l'acheteur, surtout pas l'acheteur serions-nous tentés d'écrire. Ces côtes de bœuf étaient au mieux françaises, au pire anglaises, pourquoi pas allemandes ou suisses ? Issues d'une vache de réforme d'un troupeau laitier normand, d'une allaitante des monts du Forez, d'un taurillon engraissé vite fait mal fait dans un atelier industriel breton ? Avec EUROPA, c'est la loterie. Faites vos jeux !

Ne vous étonnez pas, CONSommateurs, ILS vous ont eus, mais vous l'avez un peu voulu. C'est vous qui trouviez la viande trop chère. N'oubliez pas, la qualité a un prix.

Où est-il, l'homme de l'art, celui qui mérite son enseigne de boucher ? Il n'y a pas si longtemps, il achetait sa viande sur pied, connaissait l'éleveur, savait ce que l'animal avait mangé, comment il avait été engraissé, s'inquiétait des conditions de transport et d'abattage, éléments déterminants de la qualité finale du muscle. Ce boucher, un peu mythique – il en existe, heureusement, encore quelques-uns –, veillait à la maturation de la viande, la découpait, valorisait tous les morceaux, du plus au moins noble.

L'acheteur de la grande distribution et l'industriel de la viande font fi de la tradition. ILS ne négocient plus des bêtes, encore moins des carcasses, ILS discutent « viande en portions calibrées pour la barquette ». L'origine des animaux, leur alimentation, les soins de l'éleveur, les conditions de transport, le stress à l'abattage, la maturation, la qualité de la découpe ne font évidemment pas partie de leurs préoccupations.

2 000 côtes de bœuf ! Le calcul est simple, chaque bête possédant 10 côtes, cinq de chaque côté – côte

Bœuf

servie avec os et entrecôte désossée sont issues du même morceau, le train de côte, muscle situé entre la cinquième et la onzième côte –, il faut découper 200 bêtes pour satisfaire la demande. Oui, mais... Que faire des carcasses restantes ? Pas de problème pour écouler les quartiers arrière, les plus nobles, à rôtir, griller et poêler, tels filet, rumsteck, aloyau, mais *quid* du gîte, du paleron, de la plate côte, de la macreuse, morceaux à bouillir ou braiser qui constituent les quartiers avant de la bête, appelés la « basse » dans le jargon professionnel ?

Le problème était de taille, d'autant que la génération « steak-frites » boudait le pot-au-feu. Les plats roboratifs et rustiques étaient passés de mode, parce que trop compliqués, trop longs à préparer pour des femmes qui travaillent à l'extérieur. Bœuf carottes ou daube n'excitaient plus personne... en cuisine. À table, ils avaient encore de nombreux adeptes. « *Tant que la science zoologique et la biologie n'auront pas réussi ces phénomènes que seraient le bœuf sans "basse", le mouton à quatre gigots et le veau entièrement en noix pâtissière, il est évident que la question de l'écoulement de la "basse" reste entière* [...] », s'amusait un responsable de la filière viande.

Comment utiliser un animal entier, alors qu'on n'en mange qu'une partie ? Le boucher traditionnel se faisait un devoir de valoriser toute la carcasse, la grande distribution, elle, a évacué le problème en n'achetant aux industriels que les morceaux prisés, condamnant lesdits industriels à une position inconfortable : ils manquaient de quartiers arrière pour tailler les tonnes de biftecks que la population réclamait, mais croulaient sous les « basses » que la grande distribution refusait de commercialiser.

Surtout, ne vous inquiétez pas pour les industriels de la viande, ILS ont trouvé – un trait de génie – LA solution. Son nom ? Steak haché ! Inventé en 1958 pour nourrir les troupes françaises stationnées sur le front algérien, il s'appelait alors « *roty-steak* », était conditionné en blocs de cinq kilos, à découper et congeler selon les besoins. Cette ration de survie des militaires dans les Aurès, les industriels en ont fait un plat national : un quart de la viande de bœuf consommée aujourd'hui en France l'est sous forme hachée.

Comment n'y avaient-ILS pas pensé plus tôt ? La recette est pourtant simple. ILS prirent toutes les « basses » ou ce que LES CONSommateurs rechignaient à cuisiner – vendu à l'époque généralement 10 francs le kilo –, hachèrent menu le tout, ajoutèrent du gras, mélangèrent et obtinrent ce qu'ILS appellent pudiquement du « minerai ». La grande distribution se chargea de le revendre 40 ou 50 francs le kilo, faisant trois ou quatre fois la culbute.

N'êtes-vous pas bluffés par autant de talent ? D'autant que vous avalez votre bifteck haché sans savoir d'où il vient. Mais ne faites-vous pas partie de la « génération hamburger » ?

C'est alors que les *fast-food* se développèrent. Faire du blé avec de la viande, voilà de quoi exciter les industriels qui investirent dans de gigantesques hachoirs, véritables vomisseurs de viande, ne se contentant plus des quartiers arrière. Se remémorant le principe de Lavoisier[1], « *Rien ne se perd, rien ne se crée, tout se transforme* », ILS ramassèrent tout ce qui traînait sur le marché, viande nationale ou importée, fraîche ou congelée... Tout était bon pour faire du steak haché. Le mot « traçabilité » ne faisait pas encore florès chez les industriels, adeptes du « moins on en sait, mieux on se porte ».

Ne soyez pas naïfs. Avides de posséder toujours davantage, ILS n'avaient pas l'intention de s'arrêter en

---

1. Antoine de Lavoisier, chimiste français (1743-1794).

Bœuf

si bon chemin. Considérant que 10 ou 15 francs le kilo, c'était encore trop cher pour un quartier avant de vache de réforme, ILS en vinrent à considérer qu'il serait plus avantageux de supprimer purement et simplement le bovin. C'était ça l'idée : plus de viande ! Mais par quoi la remplacer ? *That is the question.*

La réponse vint... des États-Unis, les planificateurs de l'agriculture américaine étant depuis belle lurette convaincus que le soja est l'avenir de l'homme. Quand on est le premier producteur mondial de cette plante oléagineuse, on n'est pas dépourvu d'arguments « marketing ». On les assène tous azimuts : le soja peut aisément remplacer dans nos assiettes toutes les protéines animales ; avec le soja, finis l'obésité et son corollaire, l'hypercholestérolémie, qui handicapent la population américaine ; un hectare de soja couvre les besoins protidiques quotidiens d'un individu pendant 5 560 jours, alors qu'un bœuf, engraissé sur un hectare d'herbe, les assure pendant seulement 192 jours. Trente fois moins. Les industriels de la viande ont immédiatement compris l'intérêt qu'il y avait à remplacer le bœuf par les protéines de soja. Le steak végétal était né ! En « français », le *hamburger* : 51 % minimum de viande de bœuf, 30 % de protéines de soja, une poignée d'additifs alimentaires pour lier la mixture, parmi lesquels du jus de betterave, destiné à colorer le blanc du soja qu'on aurait pu assimiler – sacrilège ! – à du gras. Nous sommes bien obligés d'admettre qu'ILS nous ont vraiment pris pour DES CONS !

La belle histoire du soja et du bifteck n'allait pas en rester là. La France ne produit pas de soja, cette plante « exotique » ne prisant guère notre terroir et notre climat. Cela aurait pu constituer un obstacle, s'il n'avait été décidé – il suffisait d'y penser – d'en importer. Les Américains n'attendaient que cela pour nous le servir

CONSommateurs, révoltons-nous !

– de préférence génétiquement modifié – sur un plateau.

Pendant ce temps-là, l'Europe agricole dépensait des fortunes pour subventionner les éleveurs, financer le stockage et les exportations de milliers de tonnes excédentaires de viande. Vous vous étonnez, n'est-ce pas ? Pourquoi acheter très cher, hors de nos frontières, un produit de substitution, alors que nous avions de quoi répondre largement à nos besoins ? ILS se sont faits « humanitaires », prétendant que le *hamburger* était « la viande du pauvre », qu'il fallait nourrir la génération montante des RMIstes. Le slogan était incisif : une dose de protéine quotidienne à moins de 20 francs le kilo ! Convaincus du bien-fondé de leur argumentation, ILS essayèrent de nous faire croire qu'ILS vendaient de la viande hachée pur bœuf. Sur l'emballage, tout était trompeur, depuis l'appellation légale « *hamburger* » jusqu'à la photographie évocatrice d'un appétissant steak haché. Art du « marketing » ? En réalité – vous l'avez bien compris –, nous nous sommes fait arnaquer. Normal, nous étions devenus trop vite de bons CONSommateurs, nous avions oublié de lire minutieusement la liste des ingrédients. Eux, depuis une bonne cinquantaine d'années, s'enrichissent, comme vous avez pu le constater, et prospèrent.

L'absurdité de la situation n'était pas encore à son comble, elle atteignit son paroxysme en 2002. Dès le 1er janvier 2001, les pouvoirs publics décidèrent de financer la destruction des carcasses de viande, tentant d'apurer les comptes désastreux de la vache folle. En effet, les frigos communautaires étaient pleins à craquer et, au cours des six premiers mois de l'année 2001, l'Europe dut détruire à peu près 600 000 têtes de bétail, soit 265 000 tonnes de viande, la France envoyant à elle seule à l'incinérateur plus de 181 000 vaches, soit

Bœuf

80 000 tonnes de viande. Une bagatelle ! Les industriels de la viande furent prompts à se charger de la vilaine besogne... moyennant subventions bien évidemment. En même temps qu'ILS ramassaient les animaux chez les agriculteurs pour les réduire en farines, ILS importaient du soja – génétiquement modifié ou non – des États-Unis, d'Argentine ou du Brésil, pour fabriquer les *hamburgers*. Le gros lot !

Pendant ce temps-là, la boucherie de détail s'effondrait. Elle s'est d'abord arc-boutée sur la défense syndicale de ses derniers privilèges, mais n'a pas su contrer la montée de la grande distribution ; pire, elle a voulu s'en inspirer, allant jusqu'à la singer. Comment est-elle tombée de son piédestal ? Pourquoi ? Par bêtise, sans doute.

Après la Seconde Guerre mondiale, pour des raisons sanitaires et pour limiter la fraude fiscale, les pouvoirs publics supprimèrent l'un des derniers privilèges de la profession, la tuerie particulière, obligeant les bouchers à fréquenter les abattoirs publics. Pas facile à admettre pour un professionnel habitué à sa liberté que de passer du jour au lendemain sous les Fourches Caudines de l'Administration ! De gros abattoirs modernes, répondant aux normes européennes, à l'échelle du département, voire de la région, remplacèrent les petits abattoirs de proximité condamnés à disparaître les uns après les autres parce que ne remplissant pas les conditions d'hygiène dictées par la jeune technocratie bruxelloise. Industriels de la viande et coopératives d'éleveurs ne tardèrent pas à y prendre leurs quartiers, méprisant superbement l'artisan menant sa bête au bout d'une corde. Dans les grandes villes, les bouchers baissèrent les bras, se résignant à se fournir sur les marchés de gros où les carcasses remplacèrent les bêtes

CONSommateurs, révoltons-nous !

entières. Puis, très vite, la viande en carton se substitua à la carcasse, qu'elle fût en moitié ou en quart.

Le MIN, Marché d'intérêt national de Rungis, devint ainsi le fournisseur attitré de la boucherie de détail parisienne. L'artisan n'avait plus envie de se lever à 3 heures du matin, il préférait se faire livrer, d'abord des carcasses, puis des morceaux désossés, sous vide, prédécoupés ou à trancher – ce qu'on appelle le PAD, c'est-à-dire le prêt à découper –, proposés par les ateliers industriels. Le boucher se transforma, comme son collègue de la grande distribution, en un vulgaire marchand de viande, n'assurant plus ce qui faisait la raison d'être de son métier : le choix, la maturation, la découpe et la valorisation d'une carcasse entière. À l'égal du boulanger qui ne fabrique plus son pain, il ne mérite plus aujourd'hui son enseigne.

Dans la grande distribution, pas de surprise, on vend la carne au prix de la carne, le service est inexistant. Quelle bonne raison aurait-on de préférer le boucher de détail qui vend la carne au prix de la soie, et n'assure pas davantage de service ?

La crise des vocations chez les bouchers acheva le travail de sape de l'industrialisation de la filière : absence de relève, défaut de formation adaptée, pénurie de maîtres dignes de ce nom. Le métier s'apprend sur le terrain, en se frottant aux animaux et à la viande ; coup d'œil et coup de couteau s'acquièrent avec le temps. Dès lors que le boucher se transforme en marchand de viande, que son outil de travail est la fourchette et non plus le couteau, que peut-il prétendre transmettre à un jeune ? L'art de réceptionner des cartons ? D'aligner des morceaux de PAD sous vide ? La dévalorisation du travail manuel, la médiocrité de l'apprentissage, la mauvaise image du métier – pour faire un bon boucher, il suffit d'être grand, fort et bête, répétait-on à l'envi –, autant de travers français qui ont, hélas, fait fuir les candidats. Pourquoi ne pas proposer

Bœuf

ses services à la grande distribution ? Le métier est le même, mieux rémunéré, tracas et responsabilités en moins, trente-cinq heures et congés payés en plus.

Combien ont su résister à la tentation de la facilité ? Peu, mais plus qu'on imagine, car au plus fort de la crise, quand la grande distribution et les marchands de viande affichaient des chutes de vente de 50 % à 60 %, eux voyaient accourir dans leurs échoppes de nouveaux clients apeurés, d'anciens clients repentis. Ils avaient su rester de vrais bouchers, continuaient à proposer de la bonne viande, n'avaient pas honte de révéler son origine, en étaient même fiers.

La saga serait incomplète si nous n'évoquions la Restauration hors foyers – RHF dans le jargon professionnel –, avec une mention spéciale pour la restauration scolaire.

Crise de la vache folle oblige, le bœuf a été, dans de nombreuses cantines, proscrit des menus, histoire de rassurer les mères de famille. Pour la forme, les élus ont poussé des cris d'orfraie : « *Mon Dieu, dire que nos enfants ont peut-être mangé de la vache folle ! Quelle horreur !* » Bel exemple d'hypocrisie ! Qui est responsable de la nourriture servie aux écoliers ? Qui vote les budgets des cantines ? Les élus locaux, départementaux ou régionaux.

Qui, depuis vingt ans, au nom de la sécurité alimentaire et de la rentabilité, ferme les cuisines dans les écoles, licencie les intendants et les cantinières ? Qui et quoi les remplacent ? Des cuisines centrales, aseptisées – dehors les microbes ! –, rationalisées, normalisées. Dans des salles blanches, comparables à des blocs opératoires, ventilées à 10 °C, des hommes et des femmes en tenue chirurgicale des pieds à la tête, un masque sur le visage, préparent des repas à la chaîne : ils ne cuisinent pas, ils se contentent d'assembler des ingrédients,

CONSommateurs, révoltons-nous !

chaque élément de la portion étant calibré au gramme près, surtout au cent d'euro près. Cette « gastronomie taylorisée » ne fait saliver que les comptables...

Nous avons surpris – imaginé, si vous préférez, mais nul besoin de faire preuve de beaucoup d'imagination – une conversation entre un maire adjoint, responsable des finances d'une commune de 40 000 habitants, et l'intendant des cantines.

— 2,28 euros par repas. Pas mal. Tu peux faire mieux, j'en suis sûr.

— Impossible, vraiment impossible.

— Allons, tu dois pouvoir descendre à 2,08 euros. J'en suis sûr.

— 20 cents de moins par repas ! Comment faire ?

— Je te rappelle que les élections vont avoir lieu dans trois ans, le maire a promis de diminuer la dette de la commune et de réduire les impôts locaux. Nous devons financer la construction de la nouvelle mairie, celle de la médiathèque. J'ai fait les comptes : 20 cents par repas, à raison de 5 000 repas par jour, pendant 35 semaines, c'est 175 000 euros économisés. Débrouille-toi.

Effectivement, l'intendant s'est débrouillé, mais comme les charges de structure de la cuisine centrale étaient incompressibles, il a rogné sur les approvisionnements, acheté ce qu'il y avait de moins cher. Nous vous l'avons expliqué, sur les marchés de gros, on trouve tout, surtout des premiers prix, sans origine ni qualité.

C'est ainsi que nos petites têtes blondes – ou brunes – ont mangé de la vache folle. Rassurez-vous, la viande a été cuisinée dans le strict respect des règlements sanitaires imposés par Bruxelles. Le maire a honoré ses engagements, baissé les impôts, inauguré la média-thèque, et les parents, ignorant tout de ce qui s'était

Bœuf

tramé dans leur dos, ont voté pour lui. Tout est bien qui finit bien.

Qui – à l'exception des végétariens – a la certitude de ne pas avoir mangé de la vache folle ? Qu'en pensent les passagers d'Air France, les malades dans les hôpitaux et les détenus ? Personne ne s'est révolté, personne ne savait...

Jusqu'au 21 mars 1996. Quand vous avez appris l'embargo sur la viande britannique, vous avez eu une réaction à la mesure de la supercherie. Vous avez décidé de ne plus acheter de viande, ni dans les boucheries, ni dans les grandes surfaces. Leur chiffre d'affaires s'est effondré jusqu'à 60 % dans les premières semaines. Bravo, votre réaction a été la bonne, vous leur avez fait peur. La filière bovine et le gouvernement ont paniqué. Affolés, ILS ont allumé un premier contre-feu ; il tenait en trois lettres : VBF, Viande bovine française. La voilà la réplique : la cocarde ! Le bœuf français ! Aucun risque à manger du bœuf français ! On nous serinait que la France était épargnée par l'épidémie. On découvrait néanmoins quelques cas de vache folle dans nos étables – 5 en 1991, 0 en 1992, 1 en 1993, 4 en 1994, 3 en 1995... – mais, statistiquement, rien de significatif. C'était presque rassurant. Inutile d'insister.

La deuxième contre-offensive tenait, elle, en un mot : traçabilité. Elle démarra sur les chapeaux de roue. Du jour au lendemain, les industriels furent capables de nous donner des garanties sur ce qu'ILS ignoraient la veille. Garantie sur facture ? Vous en demandez trop. En moins de vingt-quatre heures, la grande distribution changea son fusil d'épaule. Le 22 mars 1996, l'enseigne Continent[1] ouvrit le bal : « *Les principales provenances sélectionnées par Continent sont la Normandie, les Pays de Loire, la Bretagne, le Centre, la Picardie. Bon appétit, en toute confiance.* » En une nuit, les étiquettes valsèrent, les

---

1. Absorbée depuis par le groupe Carrefour.

linéaires hissèrent le pavillon national. Dehors, la viande étrangère ! Filière qualité par-ci, bœuf français garanti sans farines animales par-là, la grande distribution se transforma en apôtre de la qualité, en défenseur de notre santé. Méfiance... Méfiance...

La viande de bœuf française n'eut guère le temps de s'amonceler sur les comptoirs, la France connut ses premiers cas de vache folle. Aussitôt médiatisés. Les journalistes s'emballèrent plus vite que les statistiques, le miroir grossissant et déformant de la télévision fit des ravages : nos vertes campagnes se trouvèrent soudainement dévastées par une épidémie d'encéphalopathie spongiforme bovine, abrégée en ESB. Presque aussi noire que la peste. Tremblez, CONSommateurs crédules !

Et pourtant, rien de comparable entre la situation de la France et celle catastrophique du Royaume-Uni. Nos vaches folles se comptaient par dizaines, de l'autre côté de la Manche, par milliers[1]. Une fois encore, nous avions été bernés : bœufs français, anglais, allemands, néerlandais étaient à mettre... dans la même étable. Sus à la VBF ! Difficile d'admettre que nos éleveurs avaient eux aussi nourri leurs vaches avec des farines animales achetées en Angleterre par des marchands peu scrupuleux, puisqu'en juillet 1988 le gouvernement de Margaret Thatcher avait décrété l'interdiction des farines animales dans la ration des bovins. On avait simplement « oublié » de préciser qu'interdire l'usage n'interdisait pas l'exportation. Les fabricants français d'aliments pour bovins, qui avaient deviné tout l'intérêt qu'ILS pouvaient en tirer, s'étaient précipités, et les équarrisseurs anglais s'étaient abstenus de chauffer les farines dès qu'ILS avaient compris que les pouvoirs publics fermaient les yeux. De 1988 à 1989, les importations de

---

1. Statisques officielles pour l'année 1996 : 11 cas en France ; 8 149 au Royaume-Uni.

Bœuf

farines en provenance du Royaume-Uni et d'Irlande ont été multipliées par cinq ! C'est en août 1989 que la France a enfin banni les farines de viande des auges des vaches. Mais, là encore, on marchait sur la tête : il était interdit d'utiliser, mais on pouvait tout à loisir impor- ter... pour nourrir volailles et cochons. Il fallut attendre l'année 1990 pour que l'embargo sur les farines anglaises soit enfin total. Rien n'empêcha une fraude gigantesque. Les statistiques des douanes attestent que, sur la période 1993-1996, 100 000 tonnes de farines, comportant une part impossible à quantifier de prions contaminants, ont été importées, pour partie illégale- ment, du Royaume-Uni, d'Irlande, de Belgique et des Pays-Bas.

Alain Glon, fabricant breton d'aliments pour le bétail, soupçonné d'importation illicite de farines irlan- daises, écrivait, non sans cynisme, au service des Fraudes en juillet 1996 : « *Si le sujet n'était pas tabou, vous verriez que la Suisse n'a pratiquement pas importé de farines de viande anglaises [...], que ses importations depuis la France portent à croire que des prions se promenaient chez nous bien avant que nous n'en achetions aux Anglais*[1]. »

Faut-il en conclure que si des fabricants britanniques véreux d'aliments pour le bétail ont « omis » de chauf- fer leurs farines aux bonnes pressions et aux bonnes températures, en France, les équarrisseurs, affiliés à des groupes publics, ne sont pas exempts de tout reproche, bien au contraire ? Compte tenu de leur identité, le sujet demeura tabou, le scandale maintenu dans le bocal. Aucune enquête ne fut jamais diligentée.

Il fallut attendre 2002 pour que le juge Marie-Odile Bertella-Geffroy, en charge d'une plainte pour empoi- sonnement et homicide involontaire, déposée par les familles des quatre victimes de la maladie de Creutz- feldt-Jakob, s'intéresse à l'arrière-boutique des équarris-

1. *Libération* du 28/06/2002.

seurs français. « *L'hypothèse n'est plus tellement celle d'une fraude organisée, mais un problème franco-français : on n'a pas voulu contrôler efficacement la filière, afin de mieux dissimuler le problème* », précisait en juin 2002 l'avocat des plaignants.

Fin 1996, début 1997, vous n'avez pas ronchonné, vous n'avez pas bougonné, non... vous êtes sortis de vos gonds, vous avez parlé boycott, vous êtes devenus des activistes. On ne vous connaissait pas aussi entreprenants. Souvenez-vous, vous avez exigé de « tracer » le bœuf du champ à l'assiette. Incroyable ! Les syndicats agricoles étaient prêts à lâcher du lest, exigeant en contrepartie votre retour dans les boucheries. Négociants et industriels ne voyaient pas cette opération d'un très bon œil, il y avait trop de rats morts dans les placards de la filière bovine, et ouvrir les portes aurait dégagé une véritable puanteur.

Finalement, votre combat a payé. Fin 1997, vous avez pu crier victoire. Les professionnels ont dû se résoudre à porter à la connaissance des amateurs de viande quelques éléments du pedigree des bêtes. Tout vendeur était désormais tenu d'afficher l'origine, la catégorie et le type de l'animal. Vous aviez mené à bien « l'opération transparence ». Du moins le croyiez-vous, car les effets furent pervers. Facile de déterminer l'origine : française, allemande, italienne... Un peu plus compliqué pour le type : vache, génisse, jeune bovin, taureau, bœuf... Arrivés à la catégorie, vous vous êtes retrouvés complètement largués : laitière, mixte, allaitante... Quelques semaines plus tôt, vous étiez persuadés d'acheter du bœuf français, vous réalisiez soudain qu'il pouvait s'agir de vache laitière irlandaise, de génisse allaitante française ou de jeune bovin italien. Certes, toutes les viandes se ressemblent, elles sont rouges, aussi comment faire la différence ? En réalité,

Bœuf

vous mangez essentiellement de la vache laitière de réforme, celle précisément par qui le scandale de l'ESB est arrivé.

Les chiffres sont là : sur 100 kilos de viande mis sur le marché, 40 proviennent du troupeau laitier. Du bœuf ? Non, de la vache ! Une femelle affectée sa vie durant à la production de lait, expédiée à l'abattoir au-delà de cinq ou six lactations, après être ou non – le plus souvent non – passée quelques semaines par la case prairie pour engraissement. La viande que nous consommons est donc un sous-produit – il est rare que le mot sous-produit soit synonyme de qualité – de l'activité laitière.

Près des trois quarts du troupeau français sont constitués de Prim'Holstein, des vaches à la robe noire et blanche ; inexistantes il y a quarante ans, elles ont été programmées génétiquement pour « pisser du lait ». Tout le contraire de bêtes destinées à la viande. Mirabelle, une des championnes du Salon de l'agriculture 2002, affichait une production moyenne annuelle de 14 000 litres. Quand on se souvient qu'une Normande donnait de 3 500 à 4 000 litres il y a cinquante ans, on comprend mieux pourquoi, en fin de « carrière laitière », la Holstein vue de dos ressemble à un portemanteau. On lui a tellement tiré sur le pis que les os du bassin percent sa robe ; sur les flancs, le cratère est si profond qu'on pourrait y loger un ballon de rugby ; la ligne du dos se casse, la vulve pendouille, les muscles coulent comme du beurre fondu. À l'abattoir, elle donne au mieux, après désossage, 250 kilos comestibles mais de piètre qualité, marchands de viande bon marché, responsables de la restauration hors foyer, fabricants de plats cuisinés se ruent néanmoins dessus, obnubilés par l'étiquette « premier prix ».

Pressée comme un citron, cette pauvre Holstein a été gavée de cochonneries. Pour « pisser le lait », l'herbe ne lui suffisait pas, elle devait « se shooter » avec un cocktail détonant d'ensilage de maïs et de farines, une recette importée... des États-Unis. Le maïs est une plante très productive : irriguée, dopée aux engrais, protégée des maladies et des insectes par une batterie de pesticides, elle fournit d'énormes quantités de fourrage à l'hectare. À l'automne, les ensileuses investissent les champs et broient la plante encore verte, la poupée – l'épi – au stade de grain laiteux. La récolte est stockée dans d'immenses silos, protégée de l'air et de la lumière par des bâches noires. Pendant quelques semaines, les bactéries activent fermentation et macération. À l'entrée de l'hiver, c'est prêt. Odorat sensible, s'abstenir. Les vaches, elles, ont fini par s'habituer. Les experts vont jusqu'à prétendre que l'ensilage leur ouvre l'appétit. À voir...

L'herbe – la nature fait souvent bien les choses – est un aliment équilibré, le maïs, lui, vaut essentiellement par sa valeur énergétique. Or, pour fonctionner correctement, le métabolisme de la vache a besoin d'un apport simultané de protéines. Qu'à cela ne tienne, les éleveurs rajoutèrent dans l'auge une ou deux louches de farines protéinées à l'ensilage. Que contenaient ces farines dites « protéinées » ? Répondre à la question, c'est expliquer l'incroyable « affaire de la vache folle ».

Ces farines, que les éleveurs de Holsteins appelaient pudiquement des « concentrés », étaient constituées en grande partie de tourteaux de soja, le tourteau étant ce qui reste de la plante après extraction de l'huile, donc un sous-produit de l'industrie huilière. Nous l'avons déjà écrit, l'Europe ne cultive pas, ou très peu, de soja ; elle fut donc contrainte d'importer graines et tourteaux de pays producteurs, des États-Unis d'abord. En 1962, le gouvernement américain a obtenu un droit de douane quasiment nul pour ses exportations de tourteaux de soja vers l'Europe... en échange de l'autorisation de création de la PAC, la Politique agricole commune. Concession en apparence anodine de la « jeune Europe » à la « vieille Amérique », qui allait se

Bœuf

révéler catastrophique. Les éleveurs européens adoptèrent sans aucun complexe le couple maïs-soja. Et que « pisse le lait » dans les étables ! Les huileries étrangères fournirent jusqu'à 80 % des tourteaux de soja ingérés par nos vaches.

Quand la production de soja chuta aux États-Unis, Richard Nixon, pour éviter la pénurie à ses éleveurs, menaça de réduire les approvisionnements à l'Europe. Panique dans les élevages. Souvenez-vous, c'était le 23 juin 1973. Georges Pompidou piqua une grosse colère : « *Il est impensable, inacceptable et inadmissible qu'un peuple dépende d'un autre peuple pour sa nourriture.* » Le président de la République réclama des mesures. Et que ça saute ! Nous nous sommes alors tournés vers l'Argentine et le Brésil.

Dans les écoles d'agriculture, à l'INRA, chez les syndicalistes, on phosphora : par quoi remplacer le soja ? Colza, tournesol, pois, lupin, luzerne, urée ? Il ne vint à l'idée de personne que la solution la plus simple était de mettre les vaches à l'herbe.

Il fallut attendre 1984 pour trouver la solution. À cette époque, les vaches « pissaient trop de lait », la France croulait sous les excédents. On aurait pu remettre en cause le modèle maïs-soja, résolvant du même coup le problème des excédents de lait et celui des importations de soja. Trop élémentaire, mon cher Watson, on préféra de beaucoup instaurer des quotas laitiers : chaque éleveur vit du jour au lendemain sa production arbitrairement contingentée.

Cette décision technocratique eut deux conséquences majeures : d'une part elle envoya des centaines de milliers de vaches laitières à la casse ; d'autre part, loin d'apaiser la course à la productivité dans les étables, elle la relança. Car pour atteindre la quantité de lait fixée par Bruxelles, les éleveurs réduisirent leur cheptel et demandèrent aux vaches rescapées de se surpasser. La Holstein et le couple maïs-soja regagnèrent aussitôt le terrain perdu. La Holstein méritait plus que jamais le césar de « la pisseuse de lait », elle allait faire mieux, décrocher l'oscar pour son rôle d'empoisonneuse.

Les fabricants d'aliments pour le bétail, toujours à la recherche d'un substitut du soja, s'aperçurent soudain qu'il leur tendait les bras. À la suite des abattages massifs de vaches laitières, en Europe, les disponibilités en farines animales devinrent considérables, leur cours très attractif. Les farines de viande, source non négligeable de protéines – plus que le soja –, connues et utilisées depuis longtemps, devinrent l'ingrédient incontournable de la ration des vaches laitières. Le jeune couple maïs-farines animales se substitua au vieux ménage maïs-soja, la Holstein n'en « pissa » que mieux et plus de lait. Qu'importe si la qualité de sa viande se dégradait encore davantage.

La suite, vous la connaissez, les équarrisseurs jouèrent avec le feu, réduisant le chauffage des farines, concoctant une effroyable catastrophe alimentaire.

Face à cette « holsteinisation » forcenée des troupeaux sur l'ensemble du territoire, quelques races laitières traditionnelles, telles la Normande et la Montbéliarde, entrèrent en résistance, ne représentant toutefois que 20 % du cheptel national[1]. Ces deux races produisent essentiellement du lait, mais dans des quantités moins insolentes que la Holstein. En fin de carrière, à l'âge de partir à l'abattoir, leur viande s'avère de qualité pour peu que l'éleveur les ait nourries et

---

1. L'Augeronne, la Bessarde, la Quercy, la Nivernaise, la Betizus, la Bressanne, la vache d'Urt, la Comtoise, la Massanaise, la Cauchoise, la Mézenc, la Cotentine, la Choletaise, la Garonnaise, la Ferreline, la Landaise, la Morbihannaise... Des dizaines de races françaises se sont éteintes depuis un siècle ; la France en compte aujourd'hui 39, dont une douzaine avec des effectifs représentatifs.

Bœuf

entretenues selon les règles de l'art. Car il est indiscutable qu'une Montbéliarde ou une Normande poussée au maïs et à la farine ne vaudra pas mieux qu'une Holstein. Pour s'être livrés à ces pratiques condamnables, quelques propriétaires de troupeaux de Normandes ou de Montbéliardes ont connu les affres de l'ESB. La démonstration est claire : la qualité de la viande ne tient pas obligatoirement à la race, mais essentiellement au mode d'alimentation et d'élevage.

La grande distribution ressentant, après ces événements déplorables, le besoin de se reconstituer un semblant de vertu auprès des CONSommateurs, décida de procéder à un racolage « marketing » autour de la Normande et de la Montbéliarde ; la Holstein, devenue infréquentable, était définitivement bannie de tous les plans de communication. À ce propos, messieurs de la grande distribution, permettez AUX CONSommateurs de vous donner un conseil : après vous être, des années durant, moqués d'eux, si vous voulez regagner leur confiance, plutôt que d'afficher la race des bêtes que vous essayez d'écouler, étalez au grand jour le cahier des charges de vos fournisseurs. Si vous parveniez à les persuader de la qualité de l'alimentation des bêtes présentées sur vos étals, peut-être commenceraient-ils à vous faire confiance.

Une certaine confusion a volontairement été entretenue entre races laitières et races allaitantes, aussi n'est-il pas superflu de rappeler que les vaches laitières produisent essentiellement du lait et peuvent, à la réforme, donner de grandes satisfactions gustatives ; quant aux races à viande, ou races allaitantes, plus conformes à la tradition de l'élevage en France, essentiellement des Limousines, Charolaises, Blondes d'Aquitaine, Aubrac et Salers, leur destin est écrit : tous les ans, elles mettent au monde un veau qu'elles allaitent jusqu'au sevrage. Noble mission, l'hiver à l'étable, à la belle saison aux pâturages. Après une dizaine d'années de bons et loyaux services, elles partent à la boucherie et fournissent une viande généralement de bonne qualité. Ce troupeau allaitant n'a malheureusement pas été épargné par les foudres de l'intensification. Dans le Bassin charolais, l'ensilage de maïs et de soja a parfois remplacé l'herbe et le foin dans les rations ; quelques petites piqûres d'hormones de croissance, complètement illégales, ont été reconnues par certains producteurs. Autant de raisons pour que des spécimens de cette race magnifique aient été baptisés vulgairement « Charolaises industrielles ». Pas de quoi faire honneur à la grande tradition de l'élevage ! Pire, certaines de ces bêtes ont gonflé les statistiques de l'ESB.

La fonction principale des vaches allaitantes est de produire des veaux, dont le sort varie avec le sexe. Une partie des femelles sert au renouvellement du troupeau, les autres sont vendues, vierges, aux emboucheurs, éleveurs, engraisseurs, et rejoignent la catégorie très convoitée des génisses. Pendant trois ans, sous l'œil attentif de l'homme de l'art, elles grossissent paisiblement d'une simple ration d'herbe et de foin. Ce sont elles qui donnent les meilleures viandes, goûteuses, croquantes et tendres. Ces génisses, vous l'imaginez volontiers, ne paradent que sur les étals des excellents bouchers. Ce serait leur faire offense que de les chercher dans les linéaires des grandes surfaces.

Le sort des veaux mâles est moins enviable. S'ils échappent le plus souvent au supplice de la castration, qui avait l'avantage de les élever au rang de bœufs, la généralisation de l'insémination artificielle les prive du plaisir le plus naturel. Ceci compense-t-il cela ? Bien qu'élevé dans les mêmes conditions favorables, le bœuf a malheureusement été supplanté par la génisse dans le cœur des bouchers, sa viande est jugée moins onctueuse. En 2002, le « vrai » bœuf n'a représenté que

Bœuf

10 % des livraisons nationales de viande rouge. Question de mode. Patience, un jour le bœuf reviendra. Les veaux mâles fournissent le gros du bataillon des jeunes bovins, catégorie la plus indigne, la plus honteuse, version industrielle de l'élevage à viande. L'exemple vient... des États-Unis. Comme tout ce qui touche au monde agricole. Dans les campagnes, ce veau a été surnommé « *baby* » – prononcez « babi ». Issu aussi bien du troupeau laitier que du troupeau allaitant, il entre en stabulation à l'âge de 8 mois, il y reste 10 mois, en compagnie de 4 ou 5 congénères, dans à peine 20 mètres carrés. Au menu : ensilage de maïs et concentré de soja à volonté, cures d'antibiotiques, pour exciter la flore de la panse, supplément d'hormones de croissance chez les éleveurs les moins scrupuleux... Résultat garanti : ce jeune mâle prend jusqu'à 2 kilos par jour. Comme les vaches laitières, et pour les mêmes raisons économiques, il a lui aussi en son temps mangé des farines de viande. Transformé en carcasse à l'âge de 18 ou 20 mois, il n'a heureusement pas eu le temps de développer la maladie. Seuls les animaux de plus de 24 mois subissent le test de l'ESB avant d'entrer dans la chaîne alimentaire. Ce jeune bovin mal engraissé donne une viande pâlotte, aqueuse, sans aucune saveur. Nous, Français, ne l'aimons pas, la boudons, aussi le plus gros des tonnages est-il recyclé par les chaînes industrielles en steak haché.

Nostalgique, Alain Duplat, boucher à Wingles (Pas-de-Calais), se souvient : « *Quand j'étais apprenti, il y avait chez mon patron toujours huit quartiers arrière en maturation. Au début, on ramassait sous les carcasses l'équivalent d'une soucoupe de sang, c'était un signe de qualité ; mais au fil des années c'est à la serpillière que l'on épongeait les frigos. La viande était devenue de la flotte.* »

Chaque fois qu'une crise apparaît, le jeune bovin est le premier a remplir les frigos de l'intervention communautaire. L'Europe, bonne fille, se charge de stocker

CONSommateurs, révoltons-nous !

ces excédents de viande, avant de les brader sur le marché mondial. L'affaire du prion, des farines animales, de la vache folle, aussi pitoyable soit-elle, n'est que la partie émergée de l'iceberg. Nous savons maintenant pourquoi notre bifteck quotidien est si médiocre, pourquoi, sur 100 kilos de viande produits en France, 30 kilos à peine méritent de finir dans nos assiettes. Non seulement nous avons peur de manger, mais nous n'y prenons aucun plaisir.

La crise de la vache folle s'est dégonflée, le spectre d'une épidémie massive semble s'éloigner. Les scientifiques se donnent beaucoup de mal pour nous rassurer, s'obstinant à nous faire croire que ce ne sont pas des milliers d'êtres humains qui mourront demain ou après-demain de la vache folle, mais quelques centaines seulement[1]. Bravo la communication ! D'autant que les nouvelles qui arrivent des États-Unis ne nous encouragent guère à leur faire confiance.

Derrière le rideau de fumée, les stocks de farines animales s'amoncellent dangereusement[2], le contribuable européen paie les pots cassés. Combien ? Des milliards d'euros sont engloutis pour éponger la dette. Les marchands de farines attendent dans la plus totale sérénité la convocation des juges, certains d'entre eux se sont sans pudeur aucune déjà reconvertis dans le filon de l'agriculture biodynamique. Quant à la FNSEA, fidèle à elle-même, elle pleure pour obtenir des subventions. À la Bourse de Paris, le cours de l'action du fournisseur français du test ESB – la société AES Laboratoire – a été multiplié par plus de quatre en deux ans. Le Centre

---

1. On a estimé que 50 millions de Britanniques avaient consommé de la viande d'animaux contaminés ; en 2002, 124 cas de variantes de la maladie de Creutzfeldt-Jakob (MCJ) ont été recensés (Sources : site internet du courrier de l'environnement de l'INRA).
2. Stocks évalués à 555 000 tonnes en juin 2002 ; ils grossissent de 30 000 tonnes par mois (Sources : *idem*).

Bœuf

d'information des viandes, le CIV[1], s'est offert les services du footballeur Lebœuf dans un spot publicitaire... On a beaucoup ri dans les étables.

Malgré toutes ces indignités, vous, CONSommateurs, avez recommencé timidement à manger de la viande. ILS n'en demandaient pas plus, ILS avaient gagné. Peut-être vous imaginez-vous qu'ILS ont changé, qu'ILS se préoccupent de votre santé, de votre plaisir. Les responsables agricoles auraient, paraît-il, retenu la leçon. Leurs résolutions ressemblent à celles des hommes politiques après une déculottée électorale. Certes leur vocabulaire s'est enrichi de termes et expressions qui devraient – c'est ce qu'ILS imaginent – nous mettre en appétit : traçabilité, transparence, veille sanitaire, sécurité alimentaire, risque zéro, principe de précaution, qualité, santé, attente du CONsommateur... Le Salon de l'agriculture de la porte de Versailles, caisse de résonance de cette évolution sémantique, propose chaque année aux citoyens, à Paris, de découvrir une nouvelle agriculture, apaisée et sécurisée.

Sur le terrain, il en va tout autrement. Les nouveaux marchands de traçabilité pourraient se fâcher de certaines questions, même innocentes. Posons-les néanmoins.

Les Holsteins sont-elles toujours dans les étables ? Les a-t-on remplacées par une ou des races moins productivistes ? En consultant les statistiques du recensement agricole, nous pouvons assurer que « la pisseuse de lait » ne s'est jamais aussi bien portée.

A-t-on remis les vaches à l'herbe ? L'ensilage de maïs a-t-il disparu des rations alimentaires ? Un éleveur dont le troupeau a été décimé par la vache folle a eu la fran-

---

1. Cellule de communication d'INTERBEV, structure interprofessionnelle financée par les éleveurs et les industriels de la viande.

chise de s'exprimer sur l'antenne de France Inter[1] : « *Intellectuellement, je serais partisan de revenir à un système d'alimentation à base d'herbe essentiellement, mais financièrement, je n'y ai pas intérêt.* » Pour décoder le propos, il faut savoir que dans notre pays de pâturages et labourages, la culture de l'ensilage de maïs est subventionnée ! Chaque hectare mis en culture rapporte en moyenne 380 euros à l'éleveur.

Pourquoi l'État continue-t-il de favoriser cette plante qui assèche les nappes phréatiques, pollue les rivières, contribue à la médiocrité des viandes et favorise la vache folle ? Pour quelles impérieuses nécessités citoyennes ? Contribuables, vous vous imaginez sans doute que l'herbe bénéficie du même traitement de faveur de la part de l'administration agricole que l'ensilage de maïs ? Vous vous trompez.

Le paysan respectueux des valeurs et traditions perçoit 46 euros à l'hectare, pour élever ses vaches à la pâture ou au foin. En 2003, cette prime à l'herbe a disparu. Pour encourager la production de la viande de qualité ? Malheureusement, non. Sachant que le troupeau allaitant fournit la meilleure viande, vous auriez pu légitimement imaginer que sa production allait être encouragée. À jeter un coup d'œil du côté des subventions, vous allez là encore comprendre le mécanisme qui, inexorablement, condamne notre alimentation, et principalement la viande, à la médiocrité.

La plus mal lotie, la génisse, n'a droit à rien. Elle est pourtant considérée sur les étals comme le *nec plus ultra*. On fait à son éleveur l'aumône d'un petit lot de consolation au seuil de l'abattoir : la PAB, prime à l'abattage[2], d'un montant de 132 euros. Pourquoi la génisse est-elle privée de subventions ? Interrogé, un

---

1. *Ça se bouffe pas, ça se mange*, émission du 5 mai 2001.
2. Règlements CEE 1254/99, 2342/99.

Bœuf

fonctionnaire du ministère de l'Agriculture répond : « *Parce que ce n'est pas un mâle.* » Imparable ! *No comment.* La vache allaitante est mieux traitée... à condition d'être élevée en dépit du bon sens. Jugez par vous-mêmes. Que l'éleveur soit respectueux ou non des traditions, il a droit à la PMTVA, prime au maintien du troupeau de vaches allaitantes, soit 225 à 250 euros par tête selon l'importance du cheptel. Celui qui a choisi de nourrir ses bêtes à l'herbe peut compter sur un supplément de 40 à 80 euros par vache, au titre de « complément extensification ». En ajoutant la PAB, prime à l'abattage, de 18 euros par vache allaitante, il perçoit, s'il possède une quarantaine de bêtes sur 40 hectares, bon an mal an 14 000 euros.

Sur la même surface, un éleveur qui aurait sacrifié une quinzaine d'hectares pour cultiver du maïs et l'ensiler, qui aurait doublé le nombre de vaches allaitantes en stabulation, aurait, lui, perçu environ 24 000 euros d'aides diverses. Presque le double.

Sans les subventions, ce qu'on appelle le « baby bœuf », autrement dit le jeune bovin, aurait depuis longtemps disparu du paysage français. Personne ne s'en serait plaint, ni LES CONSommateurs, ni les contribuables. Avant la crise de la vache folle, le prix de vente de ce type d'animal ne couvrait déjà pas les charges. Terrifiant de produire à perte ! A-t-on pris des mesures ? Lesquelles ? Les pouvoirs publics n'ont rien fait. Au contraire. ILS ont maintenu le jeune bovin sous subvention, sous perfusion serions-nous tentés d'écrire.

Les chiffres sont là. L'éleveur perçoit d'abord la PSBM, prime spéciale aux bovins mâles [1], soit 210 euros par tête, ainsi que la PAB, soit 80 euros. Un paysan qui engraisse 200 jeunes bovins, qui a donc besoin de 25 hectares de maïs pour les nourrir à l'ensilage, reçoit

---

1. La PSBM concerne au maximum 90 animaux par élevage.

CONSommateurs, révoltons-nous !

de la CEE un premier chèque de 9 500 euros, auquel viennent s'ajouter la PSBM et la PAB, soit 290 euros par tête ; total : 35 600 euros avant la fin de l'année. Dans le meilleur des cas, les animaux abattus, subventions payées, sont entreposés dans les chambres froides de l'intervention communautaire, puis exportés à vil prix sur le marché mondial. De quoi alourdir l'addition de quelques millions d'euros à l'échelle européenne.

Dernière question, elle concerne les farines de viande. Elles ont certes disparu des auges, mais par quoi ont-elles été remplacées ? À la fin de l'année 2000, le gouvernement Jospin, faisant écho aux surenchères de Jacques Chirac à l'Élysée, jurait qu'il était hors de question d'avoir recours aux importations de soja transgénique américain ! Spécialiste de l'agriculture française et européenne, le président de la République exigea que l'Europe devînt autosuffisante en protéines végétales. Comme tous les spécialistes, il expliqua ce qu'il fallait faire, mais pas comment le faire.

Devant les exigences françaises, la FOP, Fédération française des producteurs d'oléagineux et protéagineux, fit de rapides calculs : pour remplacer les fameuses farines, il fallait d'urgence 1 million de tonnes de soja et colza ou 2,4 millions de tonnes de tournesol. Où trouver pareils tonnages ? Compte tenu du montant peu incitatif des primes aux oléagineux, les agriculteurs semaient du blé ou du maïs plutôt que du colza ou du tournesol. Parallèlement, la Commission de Bruxelles, sans illusion, publia en 2002 une étude prévoyant d'ici à 2006 une réduction des surfaces européennes de 15 % pour le colza, 12 % pour le tournesol et 56 % pour le soja. Quelques mois plus tard, un nouveau projet de réforme de la politique agricole annonçait la suppression de toute aide aux oléagineux. Alors, comment faire, M. le Président ?

En 1989 déjà, les importations de soja en provenance

Bœuf

des États-Unis, du Brésil et de l'Argentine étaient passées de 12,5 millions à plus de 18 millions de tonnes.

Après la vache folle, les OGM ! Une crise chasse l'autre.

Marketing

Amis, je vous mets en garde : à lire ce chapitre, vous allez pénétrer un univers qui ne vous est pas familier, ou plus exactement que vous fréquentez sans le savoir, celui un peu particulier du « **marketing** ». Le « marketing », c'est lui qui nous « baise » à longueur d'année, lui qui nous prend véritablement pour DES CONS et fait de nous des abrutis de CONSommateurs.

La pyramide de Maslow, le *brand stretching*, le *blur marketing*, vous connaissez ? La « biophobie », la « consocratie », vous en avez déjà entendu parler ? Plutôt abscons, n'est-ce pas ? C'est ça, le langage « marketing » ! Les hommes et les femmes du « marketing », occupés à faire des ravages dans les coulisses de l'industrie agro-alimentaire, l'emploient quotidiennement.

Le râpé de surimi, les saucisses en forme de billes les *nuggets* de poulet, le beurre en bombe aérosol, la volaille facile à découper, c'est eux ! La salade en sachet, le jambon de dinde, la pomme au goût de miel, les œufs enrichis en oméga 3, la tomate en branche, la prune à croquer, encore eux ! La margarine au sel de Guérande, le lait de montagne, le veau de la Pentecôte, l'Agneau de nos Terroirs, le bœuf certifié, toujours eux ! Ce qu'ILS proposent est évidemment à des années-lumière des créations de Brillat-Savarin pour qui « *la découverte d'un mets nouveau fait plus pour le bonheur humain que la découverte des étoiles* ».

Marketing

ILS évoluent dans un monde de gadget, de plaisir factice et de futilité. À l'enseigne du grand bazar « marketing », vous trouvez au choix de la « praticité », du « gain de temps », de la « traçabilité », du « fun », de l'« exotisme », de la « santé », de la « nomadité »... Autant de propositions qui maquillent l'inutilité, la vacuité de leur démarche. Et quand les « marketeurs » nous vendent de la « tradition », du « terroir », du « goût », de l'« éthique » – ILS ont osé nous proposer du « plaisir » –, c'est pour mieux nous tromper. Élevés dans la religion du chiffre d'affaires, rien ne les exalte davantage que la croissance exponentielle des ventes de leurs dernières innovations alimentaires. CONSommateurs, leur gagne-pain dépend de nous, nous sommes devenus la cause de leurs tourments.

Fiévreux, les experts s'invitent à notre table et, contre honoraires sonnants et trébuchants, nous sondent, nous auscultent, nous analysent, nous mettent en équation, nous classent comme de vulgaires ustensiles en « ramequins », « sous-ventrières », « biophobes » ou « tout, tout de suite, tout en un ». Ça vous amuse ? Et pourtant, rien de plus vrai. Avez-vous essayé de vous situer dans ce monde de la fourberie : « biophobe » ou « ramequin » ? Ah, vous grimacez...

Les organisateurs du dernier SIAL, Salon international de l'alimentation, qui est au « marketing » alimentaire ce que le festival de Cannes est au cinéma, ont embauché un gourou, chargé de rameuter la presse, d'annoncer sans rire l'arrivée du « consommateur nouveau ». Selon l'oracle, il serait devenu un mélange *« d'individualité et de responsabilité qui assumerait sa recherche de plaisir sans complexe, revendiquerait ses paradoxes et orienterait ses choix alimentaires en fonction des effets dans le temps ».* Les « effets dans le temps », c'est ça qui vous gêne ? Réponse dans le dossier de presse du SIAL : *« des effets qui peuvent s'avérer négatifs, voire mortels (Dioxine, ESB, etc.), qui lui font exiger des produits sûrs et*

CONSommateurs, révoltons-nous !

contrôlés ne laissant pas la place aux doutes ou aux ingrédients trop médicaux, techniques ou incompris ».

C'est Voltaire qui écrivait – déjà – en 1755 : « *On n'a jamais employé tant d'esprit à vouloir nous rendre Bêtes* »...

L'industrialisation, en même temps qu'elle a créé l'opulence, a banalisé, standardisé, nivelé par le bas. Le « marketing » nous maintient dans un état permanent de consommation, excitant sans cesse nos désirs, entretenant notre appétit, alors que, tiraillés par des offres concurrentes, nous sommes repus, blasés. La compétition est rude, très rude ; quoi inventer quand il n'y a plus rien à inventer ? C'est pourquoi le « marketing » prospère dans le virtuel, le superficiel, l'artificiel.

La plupart des grands produits alimentaires sont nés avant le milieu du XXe siècle ; ils avaient la même finalité : assurer la conservation des matières premières à durée de vie réduite, tels le lait transformé en fromage, les fruits en confiture, le cochon en charcuterie, le raisin en vin... Quand le paysan, le boulanger, le fromager ou le vigneron exerçaient leur talent sur un terroir exceptionnel – ce n'était malheureusement pas toujours le cas –, le plaisir faisait écho à l'ingéniosité.

Qu'a inventé l'industrie agro-alimentaire depuis cinquante ans ? La médiocrité, la futilité. Les Nestlé, Philip Morris, Danone, Kraft et autres grandes multinationales de la bouffe « marketing » ne sont évidemment pas d'accord avec nous, eux qui dépensent chaque année des milliards d'euros dans la recherche et le développement de produits alimentaires, entretiennent des armées de petits soldats « marketing », poussent au front leurs légions de commerciaux, nous traitant – leur discours est stéréotypé – de nostalgiques, d'ingrats, de « ventres pleins ». Heureusement qu'ILS étaient là pour nous sortir de la Seconde Guerre mondiale, nous éviter la famine. Aujourd'hui, à les entendre, ILS nous permettent de remplir chaque semaine nos Caddies, grâce à des prix toujours plus bas. ILS nous offrent la variété,

Marketing

le choix de produits jusqu'alors réservés à une élite ; ILS nous livrent, disent-ILS, un aliment tracé, sécurisé, contrôlé. Pour les croire, il faut n'avoir jamais mangé une tranche suintante de jambon polyphosphaté, ni ingurgité un bâtonnet de surimi saveur au crabe. Vous êtes-vous déjà régalés d'un hamburger dégoulinant de mayonnaise, délectés d'une pizza surgelée ? Avez-vous dégusté de la chantilly en bombe, apprécié la margarine enrichie en phytostérols ? Vous êtes-vous déjà félicités du temps gagné avec un sachet de salade prête à l'emploi ou une dinde facile à découper ? Avez-vous hésité entre un poulet « label Rouge, fermier de Loué » et « label Rouge, fermier de Champtoceaux » ? Oui ? Non ? Posez-vous la question : êtes-vous en communion d'esprit avec les apôtres de la religion « marketing » ?

Que nous ont apporté ces gens du « marketing » ? Accordons-leur la paternité d'immenses progrès dans l'art de la perversion et de la falsification. Tromper, berner, imiter, flouer, trahir, mentir, leurrer – démocratiser, dans leur sabir : voilà sur quoi repose la création alimentaire. Épaulée efficacement par une industrie récente et méconnue du grand public, mais incroyablement prospère au regard de ses performances boursières, celle des **additifs et ingrédients alimentaires**. Ils sont partout en ribambelle, incognito, sur les étiquettes, dissimulés derrière des codes alphanumériques réglementaires, des « E » suivis de chiffres. En vrac – en nous excusant d'avance auprès de ceux que nous aurions omis de citer : acidifiant, affermissant, agent de charge, d'enrobage, de glisse, anti-agglomérant, antimoussant, anti-oxygène, gélifiant, humectant, poudre à lever, séquestrant, stabilisant, colorant, conservateur, correcteur d'acidité, édulcorant, émulsifiant, enzyme, épaississant, exhausteur de goût, gaz propulseur... chacun répondant à la définition de la directive européenne 89/107/CE : « [...] *toute substance habituellement non consommée comme aliment en soi, et habituellement utilisée comme ingrédient caractéristique dans l'alimentation, possédant ou non une valeur nutritive, et dont l'adjonction intentionnelle aux denrées alimentaires, dans un but technologique, au stade de la fabrication, transformation, préparation, traitement, conditionnement, transport ou entreposage, a pour effet, ou peut raisonnablement être estimée avoir pour effet, qu'elle devient elle-même, ou que ses dérivés deviennent, directement ou indirectement, un composant de ces denrées alimentaires.* » Peut-on faire plus indigeste ?

C'est dans ce magma nauséeux que s'affairent les « marketeurs ». ILS ne vont pas manquer de nous reprocher d'instruire à charge le procès d'une technologie de pointe qui ne fait que reproduire les gestes de l'artisan ou de la ménagère depuis des millénaires. Les additifs alimentaires existaient, c'est vrai, dans la haute Antiquité : le sel, le sucre, le miel permettaient de conserver les aliments, le levain de fabriquer le pain, la présure de veau de faire cailler le lait ; au Moyen Âge, on colorait le beurre avec des extraits de fleur de souci. Autant de pratiques déjà soumises à réglementation. Ne raconte-t-on pas que les sels nitrités qui entrent, aujourd'hui, dans la composition des charcuteries industrielles ont sauvé, au XIXe siècle, les populations du botulisme ? Ça, c'est pour la petite histoire, la grande, elle, a commencé au début des années 1950, avec l'avènement de l'industrie agro-alimentaire « moderne ».

L'heure était au productivisme, toujours plus, toujours plus vite. Les aliments voyageaient sur des distances de plus en plus grandes, cela supposait une DLC, date limite de consommation, de plus en plus éloignée. Dans les laboratoires, les chercheurs spécialisés dans ce qu'ils appelaient pompeusement « le génie alimentaire » faisaient feu de tout bois, pour satisfaire le cahier des charges de l'industrie. Ainsi s'amorçait le règne des additifs alimentaires.

Marketing

L'IFN, Institut français pour la nutrition [1], association porte-serviettes des champions de la bouffe « marketing », explicitait avec enthousiasme la problématique : « *Les additifs alimentaires permettent d'assurer la stabilité physique de l'aliment, de lui conférer une texture appropriée, d'améliorer ou diversifier son aspect, son goût, et donc son appétence, de garantir sa qualité hygiénique, et d'influer favorablement sur les coûts. Disposer d'un nombre suffisant d'additifs permet de pouvoir utiliser le meilleur additif adapté à chaque cas particulier et donc d'optimiser les résultats.* » Traduction : les additifs sont destinés à jouer la plupart des mauvais rôles dans la bouffe « marketing », à commencer par celui de béquille d'une matière première agricole issue d'un système de production privilégiant le rendement aux dépens de la qualité.

L'exemple du **pain** est édifiant. Pour pallier la dégradation de la qualité des blés – consécutive à la course au rendement dans les campagnes –, les meuniers ont recours à la chimie alimentaire. En introduisant dans le moulin quelques grammes d'additifs, ils peuvent désormais transformer n'importe quel blé en farine dite « panifiable », « *qui peut servir de matière première dans la fabrication du pain* » (Le Petit Robert). Aucune garantie quant à la qualité du pain, bien au contraire. La généralisation de l'emploi des additifs dans la meunerie, et plus tard dans la boulangerie, explique la longue descente aux Enfers de la baguette française au cours des trente dernières années. En la circonstance, l'État a signé un pacte avec le diable : de l'acide acétique aux lécithines, en passant par les ascorbates de sodium, les mono et diglycérides d'acide gras, plus d'une trentaine de références sont autorisées dans l'élaboration de la farine et du pain, ces molécules servant à corriger les défauts du blé, permettant également de pétrir à

---

1. Association à but non lucratif, régie par la loi de 1901, créée en 1974 par les Prs Bour et Trémolières et plusieurs industriels de l'agro-alimentaire.

CONSommateurs, révoltons-nous !

grande vitesse, autrement dit de fabriquer une baguette en deux heures quand sept étaient nécessaires. Tous ces additifs facilitent incontestablement la vie de l'industriel, celle également du mauvais boulanger, puisque nous savons tous qu'il suffit d'une farine de qualité, d'un peu de sel, de levain, d'eau et du savoir-faire d'un bon artisan pour fabriquer un pain à la croûte craquante, à la mie parfumée. Quand on voit ce que certains proposent à la vente sous le nom de pain, une irrésistible envie de botter le cul de ces piètres professionnels nous assaille.

Les charcutiers méritent un prix spécial dans l'art de pervertir les traditions, avec en tête des **salaisons** dépravées le jambon polyphosphaté, qui monopolise depuis déjà longtemps une place de choix dans les rayons « premier prix » de la grande distribution. Il s'impose subrepticement sur la pizza surgelée, la galette de la crêperie bretonne, le sandwich SNCF ou le croque-monsieur de la brasserie du coin, répondant au sacro-saint principe de l'agro-alimentaire : rien ne se perd.

Grâce à la chimie, les charcutiers industriels parviennent à confectionner de 130 à 150 kilos de jambon avec seulement 100 kilos de viande. Avec d'autant plus de virtuosité que la recette est simple à réaliser : il suffit de sélectionner de la viande de jambon bas de gamme, de lui ajouter son poids en eau, quelques pincées de polyphosphates, colorants et arômes artificiels, de bien mélanger, d'étuver quelques heures... Le tour est joué ! Un jambon cuit, rose, luisant, truffé d'aponévroses, ruisselant d'un liquide poisseux, élastique comme une chambre à air, sucrailleux comme un mauvais vin blanc... Infecte. C'est ainsi qu'on fabrique aujourd'hui du jambon à moins de 5 euros le kilo. Il faut bien nourrir les exclus du système, plaident cyniquement les industriels de la charcuterie, taisant pudiquement

Marketing

– non, ILS ne savent pas ce qu'est la pudeur... –, taisant perfidement qu'ILS leur vendent de l'eau au prix du cochon. Ce sont eux qui nous submergent de nouveautés « marketing » qui n'ont d'aliments que le nom. Triste sort que celui de l'un des plus beaux fleurons de la gastronomie alsacienne, la saucisse de Strasbourg, dévoyée par une poignée de charcutiers d'usine, au premier rang desquels Herta[1]! Appelée également knack d'Alsace, en référence à l'onomatopée suggérant le bruit de son boyau naturel craquant sous la dent, elle portait haut les couleurs de la tradition charcutière des pâtes fines fabriquées avec un mélange subtil de bœuf et de porc, émulsionné avec du gras et de la glace.

Les industriels ont sévi, les saucisses de Strasbourg ne sont plus que l'ombre d'elles-mêmes, elles ne croquent plus sous la dent. Non contents d'avoir perverti la recette – « *viande de porc, eau, gras de porc, plasma de porc, lactose, sel nitrité, isoascorbate de sodium, protéines de lait* (beaucoup, pour lier la sauce), *polyphosphates* (tiens, les revoilà !), *colorants, arômes, assaisonnement*[2] » –, ILS ont mis au point un procédé de fabrication qui supprime jusqu'au boyau. Les saucisses de Strasbourg industrielles tiennent plus aujourd'hui du tuyau d'arrosage que de la spécialité charcutière : la préparation est embossée dans un boyau artificiel d'une dizaine de mètres, torsadée tous les quinze centimètres, cuite à la vapeur pendant environ deux heures, puis fumée au bois ou à la fumée liquide, avant d'être, en bout de chaîne, démaillotée, emballée, étiquetée, expédiée.

J'aimerais comprendre pourquoi cette recette rencontre tant de succès. Eh oui, la saucisse sans boyau, championne toutes catégories des linéaires de la grande distribution, vous adorez ! Trente mille tonnes vendues chaque année, dont près de la moitié sous les

1. Herta appartient à la multinationale Nestlé.
2. Liste des ingrédients lus sur l'étiquette d'une *Knacki* de chez Herta.

CONSommateurs, révoltons-nous !

couleurs de la marque Herta. Les « marketeurs » maison se sont senti pousser des ailes ; bravant tous les tabous culinaires, ILS ont défrayé la chronique avec les *Knacki Ball*, des billes de saucisse à réchauffer au micro-ondes, à grignoter devant la télévision, dans son bain ou au lit. En dialecte « marketing », cette saucisse révolutionnaire entre dans la catégorie des produits dits « nomades ». À l'heure où la *Knacking attitude* fait rage, *Knacki Ball* cartonne au hit-parade : grâce aux jeunes, les ventes ont augmenté de 44 % en 2002.

PS : *Knacki Ball* est vendue 30 % plus cher que la *Knacki* ordinaire. Quand je vous dis qu'ILS nous prennent pour DES CONS !

Grâce aux additifs, on invente sans retenue, on imite sans réserve, on falsifie sans vergogne. Les perspectives sont illimitées. Exemple : **le surimi**.

Cette pure création du « marketing » alimentaire a battu des records : 6 100 tonnes vendues en 1994, plus de 35 000 en 2002. Le Français consomme en moyenne une généreuse livre de surimi par an, chiffre qui devrait doubler selon les prévisions de Coraya, l'un des plus gros fabricants avec Fleury Michon : « *Le marché du surimi a plus de la moitié de son avenir devant lui*[1]. » Comment en sommes-nous arrivés là ? C'est d'autant plus consternant que les Américains mangent deux fois moins de surimi que les Français. De quoi réfléchir, d'autant que nous sommes toujours prêts à railler leurs mœurs alimentaires. Ainsi donc on peut bouder le maquereau et le hareng sous prétexte qu'ils manquent de noblesse, sont trop compliqués à cuisiner, et s'enticher de bâtons caoutchouteux de chair de poisson aromatisée au crabe, à la crevette ou à la noix de Saint-Jacques !

---

1. *Magazine linéaire*, mai 2000.

Marketing

Inventé au XIe siècle par des Japonais pour conserver le poisson, le surimi s'offre une seconde jeunesse en Occident par la grâce du « marketing » et de la chimie alimentaire. Les fabricants n'omettent jamais de rappeler sur leurs emballages qu'il s'agit d'un « *produit millénaire* », même si la liste des ingrédients ne fait pas vraiment dans la tradition : « *chair de poisson ; eau ; blanc d'œuf ; huile de colza ; fécule de pomme de terre ; amidon de blé ; amidon transformé de riz ; stabilisants : sorbitol, polyphosphates ; sucre ; sel ; arôme crabe ; épaississants : carraghénanes, farine de Konjac ; arôme ; exhausteur de goût : glutamate de sodium ; colorant : extrait naturel de paprika*[1] ». Un haut-le-cœur peut-être ? ILS précisent pourtant en préambule que « *le surimi est un produit naturellement sain* ». Encore heureux !

Ces « *préparations à base de chair de poisson sauvage* » mobilisent, en haute mer, une armada de bateaux-usines battant généralement pavillon asiatique[2] ; ils rapportent des espèces industrielles – colin d'Alaska, brème de mer, hoky, merlan bleu... –, réservées le plus souvent à la préparation des carrés de poisson panés, LES CONSommateurs les refusant nature dans leur assiette.

L'IFREMER, Institut français de recherche pour l'exploitation de la mer, habituellement mieux inspiré pour dépenser les deniers publics, multiplie les programmes de recherche, inclut le maquereau, le hareng et la sardine dans la liste des poissons destinés au surimi. Ces trois espèces, pourtant délicieuses, tenues arbitrairement à l'écart des poissons dits nobles – turbots, bars, dorades, soles et autres saint-pierre, quand ils ne sont pas d'élevage –, font figure de laissés-pour-

---

1. Liste des ingrédients de « P'tits gourmands » de la marque Fleury Michon.
2. La France peut s'enorgueillir de posséder un « armement Surimi », la société bretonne Comapêche, qui commercialise sa « pêche » sous la marque Coraya.

CONSommateurs, révoltons-nous !

compte sur les criées et terminent piteusement dans l'industrie de la farine de poisson[1]. Les chercheurs de l'IFREMER, soucieux de leur offrir une fin plus glorieuse, ont projeté de leur rendre quelque séduction dans la « lessiveuse » à surimi ; ils se heurtent toutefois à un obstacle technique : ces poissons sont trop gras. Patience, la solution est en vue, le surimi de maquereau, de hareng ou de sardine ne devrait plus tarder.

Encouragés par le développement du marché, pourquoi les fabricants de surimi ne transforment-ils pas tous les poissons, y compris ceux d'élevage ? ILS y ont pensé, bien sûr, mais ce serait pure folie ! En 2004, il est plus coûteux d'élever un saumon ou un turbot que de pêcher un colin d'Alaska ou un maquereau. Le jour où la règle s'inversera, les excédents de bars, de turbots d'élevage seront transformés en farine pour engraisser les bars et les turbots d'élevage promis au surimi. On pourrait appeler cela une économie alimentaire cannibale. Ne désespérons pas, le pire est à venir...

Sitôt pêchés, les poissons filetés – seule une partie de la chair, les protéines musculaires insolubles dans l'eau, sert à la fabrication du surimi – sont, dans une « lessiveuse », lavés et malaxés à plusieurs reprises avec de l'eau douce ; 15 % du poisson est exploité[2], une grande partie des graisses et protéines solubles est rejetée à la mer avec les résidus de lavage, arêtes et déchets. Au sortir de la « lessiveuse » : un gel blanc, inodore et sans saveur, le surimi de base ; additionné, afin de ne pas dénaturer les protéines à froid, d'une petite dose de cryoprotecteur – sorbitol et polyphosphates –, le surimi est expédié, surgelé, chez les fabricants de bâtonnets, au prix de 1 500 à 2 200 euros la tonne, selon les variations du cours mondial.

À son arrivée chez Coraya ou Fleury Michon, le gel

---

1. Dans l'« auge » des saumons, dorades, turbots et autres bars d'élevage.
2. Source IFREMER.

de poisson n'a pas encore l'apparence d'un produit comestible. Qu'à cela ne tienne ! Quelques blancs d'œuf, de l'eau, de l'amidon, des arômes pour la saveur, un peu de glutamate de sodium pour corser le tout... passage rapide dans un four à vapeur... la pâte peut se plier à toutes les fantaisies : bâtonnets, tranches, miettes, râpé...

Afin de pallier les méfaits des escrocs attirés par la manne, des industriels français ont adhéré, soucieux de garantir un produit standard, à une charte de qualité stipulant que le surimi doit contenir au moins 85 % de chair de poisson. Comme toute règle, celle-ci a vocation à être contournée. Pour preuve, ces bâtonnets premier prix « *made in Lituania* » proposés par la grande distribution française, n'offrant que 31 % de chair de poisson. Histoire d'apporter notre contribution à l'essor qualitatif de l'agro-alimentaire français, nous suggérons aux fabricants « sérieux » de surimi de déposer sur-le-champ une demande de label Rouge pour une spécialité française du genre « Surimi de Terroir », agrémentée d'une IGP qui couvrirait les départements des régions côtières, Bretagne, Pays-de-Loire, Poitou-Charentes, Aquitaine... Vous imaginez, en lettres d'or sur l'emballage, « surimi aux embruns salés », « surimi du Gulf Stream »... De quoi être récompensés par un grand prix du « marketing ».

Si les industriels mettent en avant les propriétés cardinales de cet ersatz marin, facile d'utilisation, sans arêtes, au goût très consensuel, ILS restent plus réservés sur son prix, loin d'être modique : 7 à 12 euros le kilo. Pour moins que cela, vous pouvez vous régaler d'un merlan, d'un maquereau, d'une sardine, voire d'un joli morceau de lieu. Certes, il faut le cuisiner, cela exige un petit effort. Réfléchissez néanmoins, faites vos comptes.

Attention danger... La banalisation menaçait... Les hommes du « marketing » aux abois ont dû phosphorer nuit et jour pour « gadgétiser » l'alimentation, conscients que les CONSommateurs se lassaient vite des nouveautés. Après les dés de surimi, le râpé de la mer, les médaillons au goût de lotte, la fausse civelle, les copies de noix de Saint-Jacques, les bâtonnets à tremper dans du ketchup ou de la mayonnaise – de préférence devant une émission de télé-réalité –, l'inénarrable jambon de la mer, polyphosphaté lui aussi, qu'allaient-ILS bien inventer ?

Fleury Michon a frappé fort avec ses « P'tits gourmands », bouchées de surimi parfumées soit à l'ail et aux fines herbes, soit aux olives, présentées en sachets individuels. Un viatique facile à glisser dans la poche, astucieux coupe-faim pour la pause de 10 heures ou, comme le recommande chaudement le fabricant, partenaire idéal d'une tomate cerise à l'apéritif. Un peu de retenue, s'il vous plaît !

C'est décidé, vous ne voulez plus cuisiner le poisson ? Tant pis pour vous ! Vous l'aurez voulu, vous allez devoir mitonner le surimi. Avec la dernière trouvaille.

« *Notre ambition est de faire passer le surimi du statut d'accessoire à celui de cœur du repas* », annonce sans rire un fabricant, soucieux de doper les ventes. Fleury Michon a été le premier à suggérer les surimis panés, à avaler chauds avec une purée... lyophilisée peut-être, qu'en pensez-vous ? Son *alter ego* Coraya voudrait, lui, remplacer le steak traditionnel ou les œufs au plat par des « pinces océanes », grossières copies de pattes de crabe, à poêler et servir en accompagnement « *de pommes de terre, légumes verts ou pâtes* ». Et pour le dessert ? Beignets de surimi aux pommes ou choux à la crème de surimi ? Le tout à décongeler au micro-ondes, cela va de soi...

Tant d'argent engrangé si rapidement ! Inévitablement cela a donné des idées aux industriels de l'agroalimentaire en mal de chiffre d'affaires et de bénéfices. Les producteurs de **dindes**, par exemple, à grand ren-

Marketing

fort de reportages, concluaient récemment : « *On a tous une bonne raison d'aimer la dinde française !* [...] *Grâce à un contrôle sanitaire rigoureux et à une traçabilité du producteur au consommateur, la dinde française vous garantit une nourriture saine et équilibrée, pour un prix très abordable*[1]. » Le publireportage n'a pas d'odeur. Heureusement.

Dès l'ouverture de la porte du bâtiment – nous avons eu le privilège de visiter des élevages –, une odeur pestilentielle agresse les narines. Plusieurs milliers de dindes blanches, les plumes tachées, l'œil hagard, le cou flétri, piétinent nerveusement les unes contre les autres sur une couche de sciure de bois supposée absorber les déjections. Aucune ouverture sur l'extérieur, de la lumière certes, mais artificielle. Les dindes engraissent plus vite que leur ombre ; à raison – en fonction de leur âge – de 25 à 300 grammes quotidiens d'un mélange de céréales, tourteaux de soja, minéraux et vitamines, elles sont calibrées, en moins de cent jours, pour l'abattoir. Dans la poêle, le processus est inversé, l'escalope se recroqueville, transpire plus que de raison ; dans l'assiette, elle paraît ridiculement petite ; dans la bouche, le laborieux exercice de mastication risque de mettre en péril la denture la plus solide, sans procurer en échange la moindre satisfaction gustative ; l'ensemble pèse sur l'estomac, fournissant toutefois la ration protéique quotidienne recommandée. Le prix défie toute concurrence, y compris celle du cochon ou du poulet de batterie.

Saluons la prouesse technologique consistant à transformer, via une dinde, un kilo d'aliments du commerce en un kilo d'escalopes et de cuisses premier prix. Encore plus fort que le bœuf qui, lui, pour produire 1 kilo de viande, doit avaler au moins 2 kilos d'herbe et de granulés. Les éleveurs de dindes fabriquaient ainsi du surimi de céréales, comme M. Jourdain faisait de la

---

1. Source : CIDEF, Centre interprofessionnel de la dinde française.

CONSommateurs, révoltons-nous !

prose... sans le savoir. Le trésor était bien caché, la sagacité et les dons d'observation des « marketeurs » permirent de le dévoiler au grand jour. Cette viande de dinde bon marché que vous renâcliez à ingurgiter, lassés de mâchouiller du carton-pâte, se révèle, à l'égal du surimi, un excellent support d'arômes, facilement modulable de surcroît.

Au Salon international de l'alimentation 2002, le groupe LDC, qui fabrique avec autant de conviction du poulet de Bresse, du poulet label Rouge que de la volaille industrielle[1], a mis au point la première application de ce qui est appelé à devenir un standard de notre alimentation : le surimi de dinde. « *Faire en volaille ce qui a été fait pour le poisson avec le surimi, il fallait y penser. Le produit est idéal pour le grignotage et les "menus nomades"* », s'extasiait la presse professionnelle, complice. *Chic'n Stick, Chic'n Salade, Chick'n Sauce* et *Chic'n Party*, des bâtonnets, des dés à base de chair de dinde aromatisée, prêts à consommer, avec ou sans sauce, à toute heure du jour et de la nuit... font un tabac. Dans les linéaires de la grande distribution : 4 euros les 225 grammes, soit plus de 17 euros le kilo de surimi de dinde ; chez Fauchon, qui ne saurait être une référence, ou à La Grande Épicerie de Paris, le poulet de Bresse est proposé à moins de 16 euros le kilo. Amis, croyez-nous, l'art du « marketing » consiste à vendre de la merde au prix du caviar.

Le Centre interprofessionnel de la dinde s'est senti toutes les audaces. Le 13 novembre 2003, il a convoqué la presse pour tenter de la convaincre que grâce à la dinde le « snacking » devenait « *une alimentation saine et intelligente* ». À l'heure de l'apéritif, le professeur Lambert, sociologue du comportement alimentaire et professeur à l'ENITIAA, école supérieure qui est aux

---

1. Groupe volailler international pesant 1,5 milliard d'euros de chiffre d'affaires, propriétaire des marques Loué et Le Gaulois.

Marketing

ingénieurs agro-alimentaires ce que l'ENA est aux hauts fonctionnaires, annonçait sans détour que les Français avaient le « snacking » dans les veines : « *Les prises alimentaires en dehors des repas sont de plus en plus fréquentes. Il s'agit alors de la consommation d'aliments "tout prêts", immédiatement consommables et le plus souvent d'excellente palatabilité (savoureux et agréables au goût).* » Et d'ajouter avec un luxe de précision dans les statistiques : « *La France compte 92 % de snackers.* [...] *Cette tendance reflète assez bien la mentalité des Français et dépasse le cadre même de l'alimentation : ils veulent manger bon et se faire plaisir sans cuisiner ni perdre de temps, maigrir vite et facilement sans changer leur alimentation et sans se priver, mais aussi faire du sport sans trop d'efforts, gagner de l'argent sans trop travailler...* » Vous avez bien lu, les indécrottables fainéants, c'est vous, condamnés à « snacker » du matin au soir. Soyez rassurés, ça n'est pas aussi grave qu'il y paraît à première vue, à condition de choisir astucieusement les ingrédients du « snacking », comme l'a préconisé le docteur Hervé Robert, caution scientifique de circonstance, en deuxième partie de conférence : « *La viande de dinde possède tous les atouts nutritionnels pour un snacking sain et intelligent* [...]. *Un apport protidique très intéressant, tant d'un point de vue quantitatif que qualitatif ; une viande pauvre en lipides et en cholestérol ; un apport en vitamines et minéraux appréciable (en fer notamment) ; une bonne digestibilité et un fort pouvoir rassasiant ; un bon rapport qualité/prix.* »

Pendant des années, ignorants que nous étions, nous nous sommes privés du plaisir de croquer un bâtonnet de dinde au petit déjeuner, à la pause-café matinale, au goûter, le soir devant la télévision, la nuit après les ébats conjugaux ou extraconjugaux. Que n'avons-nous écouté le docteur Robert : « *La variété des produits élaborés permet de diversifier l'alimentation et de s'adapter aux goûts et aux envies de tous, petits et grands. Leur facilité et leur rapidité de préparation sont des critères positifs supplémen-*

taires qui justifient le choix de cette viande ! » Le dossier de presse ne précisait pas le montant des honoraires versés à ce trop zélé nutritionniste en échange de sa science.

Les gens du « marketing » exploitent nos ignorances, tirent profit de nos paresses et prospèrent sur le terreau de plus en plus fertile de notre crédulité.

Il suffit de parcourir les linéaires d'une grande surface pour mesurer l'étendue de la catastrophe. Combien sommes-nous à avoir remarqué qu'un litre de **lait UHT** enrichi en vitamines coûte plus cher qu'un litre de lait entier pasteurisé ? Peu nombreux, à en croire les statistiques commerciales du rayon : alors que les ventes de lait frais continuent de chuter, celles des laits dit « spéciaux » ou « enrichis » ne cessent de progresser ! Incroyable ! Les « marketeurs » sont parvenus à nous persuader qu'un lait UHT supplémenté en vitamines, minéraux ou oméga 3 était plus sain qu'un lait sorti du pis de la vache, naturellement riche, rappelons-le, en vitamines et calcium. Véritable prouesse « marketing » d'exception qui nous a fait renoncer, en cinquante ans, à aller chercher notre lait entier à la ferme pour acquérir une brique de lait à l'hypermarché. La ferme, le paysan, la vache ont complètement disparu de nos imaginaires. Comment sommes-nous parvenus à pareille aberration ?

On en sourit aujourd'hui, mais en 1947 le lait était au centre des préoccupations de la politique familiale : « *D'heureux indices nous permettent d'envisager une amélioration de la natalité française, mais nous avons l'impérieux besoin d'assurer la vie de ces futurs petits enfants [...], c'est pourquoi il nous faut du lait en quantité et en qualité*[1]. » Au-delà de toutes les espérances des planificateurs de la

---

1. Extrait d'un rapport de la Commission de la famille, de la population et de la santé publique.

Marketing

IVe République, la production laitière s'envola en quelques saisons, les Français burent du lait jusqu'à plus soif, les tanks des coopératives étaient sur le point de déborder.

En 1951, une invention suisse, connue sous ses initiales UHT, Ultra Haute Température, se révéla d'une redoutable perversité. Les coopérateurs, clairvoyants comme d'habitude, accueillirent cette découverte comme une bénédiction. La technique consistait à porter le lait à une température de 150 °C pendant deux secondes, puis à le refroidir brutalement, allongeant du même coup sa durée de conservation de plusieurs semaines à température ambiante. Le « lait en conserve » était né !

Après un tel traitement thermique de choc, adieu les arômes, les saveurs et la plupart des vitamines B1, B12 et C du lait ! Les coopérateurs n'en avaient que faire, trop heureux de détenir la solution miracle pour éponger une partie des excédents. Pourquoi ne pas les stériliser, les conditionner en briques de carton et les stocker en attendant des jours meilleurs ? À condition toutefois – ces brillants économistes y avaient-ILS songé ? – que dans les étables les vaches arrêtent parallèlement de « pisser le lait », sous peine de voir les excédents se transformer rapidement en cathédrales de briques UHT ! Les distributeurs, peu suspects de passer à côté d'opportunités rémunératrices, se félicitèrent à leur tour de la révolution UHT. ILS allaient évidemment empocher les bénéfices de l'opération, débarrassés de la contrainte de la chaîne du froid ; le lait serait désormais vendu en rayon, comme un paquet de lessive.

Saisissant l'occasion de simplifier la gestion des flux et des stocks, de renforcer son ascendance sur les coopératives laitières, d'autant que l'offre de briques de lait UHT devint pléthorique, la grande distribution ne se priva pas de souffler sur les braises de la guerre

CONSommateurs, révoltons-nous !

commerciale que se livraient les coopératives laitières ; les prix s'effondrèrent, le lait devint un vulgaire produit d'appel, la star des prospectus promotionnels distribués dans vos boîtes aux lettres, pour tenter de vous attirer.

Et vous, comment avez-vous réagi devant pareille arnaque ? À la différence de quelques gastronomes, amateurs de lait cru, demeurés songeurs, vous avez, reconnaissez-le, mordu à l'hameçon, vous avez adopté sans regimber le lait en conserve. Les docteurs ès « marketing » n'ont eu de cesse de rédiger de longs mémoires sur la question, considérant que le plaisir gustatif était balayé par un argument implacable : la « praticité ». Comment avez-vous pu vivre – que dis-je ? survivre – plusieurs siècles sans le lait en conserve ?

Mesurez les progrès que cette invention permet à l'humanité. Grâce au lait UHT, vous libérez de la place dans votre réfrigérateur pour un sachet de salade « quatrième gamme », une boîte de pâté aux crevettes pour Mirza, ou encore la bouteille de Coca-Cola que se disputent vos chérubins. Grâces soient rendues au lait UHT qui met un terme à votre calvaire quotidien, vous n'êtes plus obligés d'aller chaque matin acheter une bouteille de lait frais ; une fois par semaine, vous faites le plein de lait UHT. Les précieuses minutes ainsi gagnées vous permettent de préparer le dîner – pizza réchauffée en vitesse au four, sachet de *nuggets* de poulets passés au micro-ondes –, de ne pas rater le dernier épisode du *Bigdil* ou de *Loft Story*. Nous ne répéterons jamais assez combien le « marketing » alimentaire est redevable à la télévision.

Enfin, dernier bienfait non négligeable, grâce à la technologie UHT, vous pouvez stocker des provisions dans la cave. Normal, vous êtes inquiets, soucieux, vous savez qu'à notre époque on n'est jamais à l'abri d'une pénurie de lait, même au pays de la Holstein et de l'ensilage de maïs.

En 2003, sur 10 litres de lait vendus en France, 9

Marketing

avaient été traités UHT. Quand on sait que dans les pays du nord de l'Europe, et surtout aux États-Unis, on boit du lait frais en grande quantité, on est en droit de se poser des questions : serions-nous plus sensibles à la publicité que les Anglais ou les Américains ? Les experts en « marketing » ont longuement étudié le phénomène, avant de conclure, catégoriques, que l'explication est culturelle : les Américains possèdent des réfrigérateurs plus volumineux. Il n'est donc pas dans la culture française de boire du lait frais ; l'UHT ne serait pas seulement une révolution, mais bel et bien une libération.

Nous serions presque convaincus si les statistiques ne venaient gâcher ce bel optimisme. Après un démarrage sur les chapeaux de roue, la vente de lait UHT s'est rapidement essoufflée. Et pour cause. En 1950 – chiffres à l'appui, fournis par la comptabilité nationale –, le Français buvait en moyenne 105 litres de lait par an, il se contente aujourd'hui de 70. Les coopératives laitières ont disserté sur la concurrence des jus de fruits, expliqué que si l'on ajoutait la consommation de lait sous forme de yaourts, desserts lactés, fromages et beurre, on dépassait largement les 105 litres de 1950. Quoi qu'il en soit, il faut le reconnaître, les Français boudent le lait alors que les ventes de boissons gazeuses sucrées, celles que les « marketeurs » appellent *soft drinks*, s'envolent. Ces faits sont incontestables. Débarrassé de ses valeurs d'origine, le lait en conserve est devenu aussi banal à l'achat qu'un berlingot de liquide vaisselle.

Personne ne s'est interrogé sur les causes profondes de cette désaffection, cornaquée par les experts en « marketing ». C'était trop demander aux Candia, Lactel et consorts, ILS ont préféré s'engager dans une course périlleuse, appelée « *débanalisation du marché du lait* » : nouvelles couleurs pour l'étiquette, emballage plus racoleur, invention du bec verseur, remplacement de la brique par une bouteille équipée d'un bouchon vissé... Les initiatives, d'abord timides, se multiplièrent, la concurrence aiguillonnant l'imagination.

Dans les années 1990, Candia et Lactel, enfourchant le cheval de bataille des aliments dits « de santé », lancèrent les premiers laits enrichis en vitamines et sels minéraux. Pour être osé, c'était incontestablement osé !

Un lait frais, naturellement riche en vitamines et calcium, se retrouve, après traitement UHT, débarrassé d'une grande partie de ses éléments minéraux et vitaminés, d'où la nécessité de rétablir sa richesse originelle, pour le vendre, avec la mention légale : « *lait à teneur garantie en vitamines* », souvent agrémentée d'une formule « marketing » engageante, du style « *forme* », « *croissance* », « *jeunesse* », « *beauté* », « *nature* »... 50 % à 150 % plus cher qu'un lait standard premier prix ! Joli tour de passe-passe ! Ou plus simplement arnaque, attrape-couillon ? Le *Marketing Book*, qui est au « marketing » ce que les Évangiles sont à la religion, nous informe dans sa dernière livraison [1] que, depuis cinq ans, une vingtaine de formules de laits dits « supplémentés » ont conquis les linéaires de la grande distribution.

ILS se rient de vous, CONSommateurs. Incorrigibles, vous vous êtes une fois encore fait gruger. Espérons que vous ne vous laisserez pas prendre au piège du premier lait anti-stress, sa sortie est, paraît-il, imminente. Les chercheurs travaillent d'arrache-pied, n'ayant de cesse d'enrichir le lait en béta-morphine, se heurtant encore au fait que cette béta-morphine, comme les vitamines, ne survit pas à l'épreuve UHT. Non, ne vous inquiétez pas, cette molécule, apparemment exotique, existe naturellement dans le lait de la vache et de la femme ; dotée de propriétés soporifiques, elle facilite l'endor-

---

1. *Marketing Book 2003*, TNS media intelligence, 2, rue Francis-Pédron, 78214 Chambourcy cedex.

Marketing

missement du nouveau-né après la tétée. Vous comprenez pourquoi les industriels aimeraient tant en ajouter un peu dans le lait en conserve : Nouveau !... Le lait anti-stress ! ILS ont déjà chiffré les bénéfices escomptés. Pendant ce temps-là, le lait frais perd inexorablement du terrain. Aussi y a-t-il de quoi avaler de travers quand le directeur du « marketing » de Candia révèle à la presse professionnelle [1] : « *Le lait, c'est Perrette et son pot, la nostalgie de la campagne, la pureté originelle... un aliment magique et noble. Or l'offre existante reflète mal cette dimension subjective.* » Bravo, Candia ! La marque aurait-elle décidé de nous ramener sur... le plancher des vaches ? « *Consommateurs, buvez du lait frais. On n'a rien inventé de mieux depuis que l'homme est sur la terre.* » Candia et ses « marketeurs » auraient-ILS perdu la tête ? Auraient-ILS déjà renié les avantages incommensurables du lait en conserve ? Auraient-ILS oublié LES CONSommateurs, les condamnant à vivre sans lait UHT ? Auraient-ILS négligé dans leur démarche les industriels, la grande distribution ? Auraient-ILS renoncé aux commodités de la technologie moderne pour relancer la consommation du lait frais ? Dans de telles dispositions d'esprit, ne risquent-ILS pas de suggérer aux pauvres paysans de revenir à la traite manuelle ? Ne paniquez pas, il ne s'agit que d'une expérience, « *une humanisation de la modernité* », selon Candia. Une rouerie, encore une ! En réalité, du lait UHT conditionné aux couleurs de la campagne : sur l'emballage, une vache plantureuse broute dans une verte prairie, sur fond de village coquet, clocher pointu et soleil rayonnant... avec la mention : « *lait collecté dans des fermes sélectionnées* ». De quoi évoquer « *les idées fondatrices dans l'imaginaire du lait* [2] », précise le directeur de la marque. Le « *lait collecté dans les fermes sélectionnées* » a été élu « produit de l'an-

1. Magazine *LSA*, octobre 2000.
2. Magazine *LSA*, octobre 2000.

née 2003 » dans la catégorie Innovations. Sur le plan « marketing », il faut reconnaître que le hochet – la marque l'arbore fièrement sur tous ses emballages – était mérité. Candia s'en est donné les moyens, dépensant 24 millions d'euros de publicité[1] pour vous convaincre, gros nigauds. Et vous y avez cru, vous achetez à nouveau du lait, sans vous poser la question de savoir ce que recouvre la formule « *lait collecté dans les fermes sélectionnées*». Nous ne voudrions pas briser votre rêve, néanmoins... lisez attentivement : « *Grandlait, lait collecté dans des fermes sélectionnées, est soumis à un cahier des charges très strict. Ce cahier des charges intègre des contrôles plus exigeants que la législation ne l'impose et surtout une prise en compte de l'animal. Grandlait collecté dans des fermes sélectionnées est certifié AFAQ. C'est la meilleure garantie pour un lait de qualité, car une vache bien nourrie et bien traitée fait forcément du bon lait[2].* » Quand nous vous disons qu'ILS nous prennent, nous les CONSommateurs, pour des cons, vous pouvez nous croire !

Hommes et femmes du « marketing » ont une obsession, nous faire gagner du temps, appelant à la rescousse le brillant sociologue du comportement alimentaire, déjà cité, le professeur Lambert : « *Les courses, les préparations culinaires (le temps de préparation du repas est passé de 30 minutes à 10 minutes), les repas sont des moments qu'il faut optimiser car ils ne font plus partie des priorités actuelles.* » Optimiser le temps du repas... De quoi demeurer perplexes. Adieu convivialité, plaisir de la table, réunions amicales ! À la lueur du « marketing », la préparation du déjeuner ou du dîner doit être menée selon les règles du productivisme. Tel un contremaître veillant scrupuleusement à améliorer jour après

---

1. Source : *Marketing Book 2003*, TNS media intelligence.
2. Extrait du site www.produitsdelannee.com, référencé sur l'emballage.

Marketing

jour la rentabilité de sa chaîne de montage, vous allez traquer la moindre perte de temps. Chaque minute gagnée est une victoire. Peut-être, mais une victoire sur quoi ? Une victoire sur qui ? Sur les marchands de produits dits « *convenience*[1] » en idiome « marketing » ? Certainement pas. Méfiez-vous, chaque minute gagnée fait de vous une proie de choix, à la merci de la plus grossière entourloupe « marketing ». Les exemples ne manquent pas.

Les statistiques sont précises : 72 % des Français préparent régulièrement des **frites**, mais ils ne sont que 59 % à éplucher des pommes de terre, 41 % – le nombre progresse chaque année – préférant les surgelées. La restauration hors domicile – à Paris, on compte sur les doigts de la main les établissements où on pèle encore les pommes de terre – en débite annuellement 180 000 tonnes, dont 80 000 tonnes dans les seuls *fastfoods*.

Mac Cain, numéro un en France de la frite surgelée, considère que le temps gagné en cuisine est précieux. Nous nous sommes amusés à faire une expérience, vous pouvez la tenter vous aussi.

Sortir un sachet du congélateur, l'ouvrir, verser une partie du contenu dans la friteuse, ranger ce qui reste : 1 minute environ. Éplucher des pommes de terre, trois par exemple, les essuyer, les débiter : 5 minutes. Au mieux Mac Cain nous fait gagner 4 minutes de notre précieuse existence.

Acquérir un paquet de frites surgelées à l'hypermarché le plus proche, c'est se frayer un chemin au milieu des chariots tamponneurs, subir les énervements des enfants, endurer les têtes d'enterrement des chalands, certains n'hésitant pas à en venir aux mains pour une méchante histoire de priorité dans une file d'attente, décrypter, quand on a atteint le rayon, les appel-

---

1. Commodité. convenance

CONSommateurs, révoltons-nous !

lations « marketing », choisir entre les « *Tradition* », « *Just au four* », « *Golden Long* » ou « *Legend* », essuyer les remarques des employés souvent au bord de la crise de nerfs, saisir un paquet au hasard, attendre à la caisse, débourser 1,82 euro le kilo. Pas donné, deux fois le prix des pommes de terre chez un honnête marchand de légumes ! Dans le meilleur des cas, si les embouteillages n'ont pas raison de leur résistance, les frites sont consommables ; souvent, ramollies dans le coffre de la voiture, aussitôt assaillies par la listéria et la salmonelle, elles vous font courir de grands dangers.

On peut, vous vous en doutez, écrire l'histoire différemment. Aller au marché, un panier au bras, flâner entre les étals croulant sous les denrées, s'enivrer de couleurs, de parfums entremêlés, choisir dans la bonne humeur, en même temps que les légumes dont on a besoin, de la bintje ou de l'agria, facturées entre 50 et 80 cents le kilo seulement.

Nous vous avons suggéré deux scénarios pour préparer des frites. À vous de choisir, mais n'oubliez pas le plaisir de retirer de l'huile bouillonnante des frites jaunes, dorées, de les sentir croustillantes, moelleuses à cœur, sur la langue.

Même démonstration avec **les pâtes à tarte.** Vous n'ignorez pas que, depuis quelques années, le marché a enflé démesurément. Les industriels s'en vantent, prétendant avoir libéré la ménagère d'une corvée ingrate, plonger les mains dans la farine, le beurre et l'eau. ILS se réjouissent – les rouleaux à pâtisserie peuvent dormir dans les placards – qu'elle n'ait plus qu'à dérouler un disque de pâte blanche industrielle et garnir un moule. C'est enfantin, disent-ILS, rapide, et surtout propre.

Je peux vous assurer, pour avoir goûté – dans le cadre de notre émission sur France Inter – une dizaine de pâtes à tarte industrielles, du premier prix à la plus bar-

Marketing

dée de médailles « marketing » – « *à l'ancienne* », « *pur beurre* »... –, que cet encouragement à la paresse ne procure aucun plaisir. Par ailleurs, pour le prix d'une pâte à tarte industrielle, un pâtissier traditionnel vous pétrit suffisamment de pâte pour que vous puissiez confectionner deux quiches lorraines et une tarte aux pommes. Souvent la qualité est chère, dans ce cas précis, c'est l'inverse. Tenez-vous-le pour dit.

Jusqu'à preuve du contraire, il nous semble que ce sont les gadgets « marketing » qui alourdissent la facture, principalement ceux supposés nous faciliter la vie. Un exemple parmi d'autres, **les salades en sachet**, également dénommées « quatrième gamme ». Nous avons comparé pour vous le prix d'une salade en sachet avec celui d'une batavia ou d'une laitue achetée sur un marché : il est cinq fois plus élevé ! Lorsque nous argumentons sur ce thème, nous nous entendons systématiquement rétorquer : vous n'imaginez pas le quotidien d'une mère de famille qui doit à la fois préparer les repas, surveiller les devoirs des enfants, laver le linge, le repasser, mettre la table et accessoirement paraître séduisante à son mari ! Si de surcroît elle doit trier et laver une salade... Effectivement, ça tient de la performance à y bien réfléchir...

N'avez-vous jamais été saisis, CONSommateurs, en ouvrant un de ces sachets, par cette incommodante odeur d'ensilage qui s'en échappe et oblige à laver la salade dans plusieurs eaux, avant de la sécher et l'assaisonner. Qu'en est-il de la promesse de gain de temps ? Réduite à néant ! C'est pourquoi nous préférons acheter de la salade fraîche, la trier, l'essorer, au risque de gaspiller bêtement quelques précieuses minutes de notre vie. Car tout bien compté, tout bien choisi, nous n'avons encore rien trouvé de mieux pour régaler notre

CONSommateurs, révoltons-nous !

famille, nos amis, et ce pour un prix particulièrement raisonnable.

En 2003, la vente des salades « quatrième gamme » a progressé de 14 % – si la France connaissait pendant seulement trois années consécutives un taux de croissance identique, elle résoudrait une grande partie de ses problèmes de chômage, déficit budgétaire et dette publique –, c'est dire si les industriels de la salade « quatrième gamme » profitent allègrement de votre engourdissement.

L'objectif de ces gens de « marketing » est de détourner votre attention de l'essentiel, de la focaliser sur l'accessoire, avec la ferme intention de vous soutirer au passage un nombre substantiel d'euros.

La société volaillère bourguignonne Duc s'est ralliée à cette doctrine. Ses conseillers « marketing » ne sont pas restés insensibles à la détresse DES CONSommatrices – « *58 % des femmes déclarent avoir des problèmes pour découper un poulet entier* » –, ILS se sont donc empressés – les Canadiens avaient inventé dès Noël 2002 la « *dinde facile à découper* » – de mettre sur le marché « Facil'Découpe », le premier **poulet facile à découper**. Ne vous alarmez pas, il ne s'agit pas d'une créature génétiquement modifiée, mais d'un simple volatile qui a subi, à l'abattoir, six incisions de chaque côté du bréchet, aux jointures des ailes et des cuisses. Grâce à cette astuce, vous n'avez plus qu'à donner, au terme de la cuisson, un dernier coup de couteau dans les sillons prédécoupés, le poulet s'affaisse dans le plat comme un château de cartes. On pourrait rire de cette bouffonnerie « marketing », si l'affaire n'était plus grave qu'il n'y paraît.

Le « marketing » est ravageur quand il se double de perversité. Le bon sens voudrait que les amateurs de poulet béotiens en matière de découpe fassent l'effort

Marketing

d'apprendre, d'autant qu'il suffit d'observer attentivement un initié pour reproduire sans difficulté les gestes. Au nom du même bon sens, vous devriez, si vous aimez le poulet, vous attacher à son origine, sa race, son mode d'élevage, d'alimentation, autant de critères objectifs qui guideraient votre choix et vous laisseraient espérer quelque plaisir. Avec « Facil'Découpe », la société Duc inverse la logique, préférant, pour affranchir la ménagère de ce qu'elle considère être une corvée, lui mâcher le travail plutôt que lui apprendre les règles de l'art. Et en arriver – ô paradoxe ! – à ce que votre faculté à vous déterminer se déplace de l'assiette vers la planche à découper : les « marketeurs » de la société Duc ne vous proposent pas d'acheter un poulet parce qu'il est savoureux, mais parce qu'il est facile à débiter !

Si les hommes du « marketing » poussent cette logique jusqu'à l'extrême, ce qui n'est pas exclu, quelle sera la prochaine étape ? Débarrasser le poulet de la peau, des os et du gras pour ne pas avoir à nettoyer le four après cuisson ? Ça, c'est déjà fait, les découpes de poulet – les filets pour l'essentiel – gagnent des parts de marché sur les volailles entières. Jusqu'en Bresse, berceau traditionnel du poulet, de la poularde et du chapon d'élite – seules volailles à bénéficier aujourd'hui d'une AOC, appellation d'origine contrôlée –, où certains professionnels, plus sensibles au timbre du tiroir-caisse qu'au respect de la tradition et au plaisir DES CONSommateurs, essaient d'influencer l'INAO, l'exhortant à accepter le principe de la commercialisation de découpes de volailles de Bresse. Si les gendarmes des AOC se laissent convaincre par les lobbies du « marketing » et du commerce, espérons que des pierres tombales vont se soulever dans les cimetières de Bourg-en-Bresse, Montrevel et autres hauts lieux de la volaille de qualité.

En cédant, messieurs de l'AOC, vous autoriseriez toutes les dérives. Sous peu la grande distribution pourrait proposer du jambon de poulet de Bresse... Méfiez-vous, les industriels ne se contenteront pas des filets de poulet de Bresse, soi-disant compliqués et longs à cuisiner, qui salissent la poêle, éclaboussent la plaque de cuisson, ILS fabriqueront des *nuggets*, des *wings* – respectivement pépites et ailes – aromatisées et conditionnées en sachet « micro-ondable ». Vous l'aurez voulu...

Cramponnés à leur logique, les « marketeurs » ne sauraient ignorer nos compagnons à quatre pattes. DES CONSommateurs eux aussi, par anthropomorphisme interposé. En observant attentivement les rayons réservés aux **aliments pour chiens et chats**, *pet food* en langage « marketing », on est impressionnés par les arnaques qu'on y découvre. Elles trahissent une imagination jamais prise en défaut, exploitant habilement nos petits travers, le filon de la culpabilité, par exemple. Que faites-vous pour vous faire pardonner d'avoir laissé le chien ou le chat seul toute la journée dans l'appartement ? Vous achetez ce que vous croyez être le meilleur pour lui : délice de saumon au riz... canard aux petits légumes... fines bouchées au poulet... paupiettes de cabillaud ou de truite... terrine de lapin au poivre vert... Vous ne résistez pas, vous ne regardez même pas les prix, très exagérés, souvent supérieurs à ceux des mets que vous vous refusez.

Situation d'autant plus absurde que, les « marketeurs » le reconnaissent eux-mêmes, chiens et chats sont totalement indifférents à toutes ces attentions, non par ingratitude, mais parce qu'ils ne sont pas, comme nous, sensibles à la diversité dans la nourriture. Agneau, saumon, foie, petits légumes ou riz, ils s'en moquent ; l'important pour eux, c'est l'équilibre de la formule, si possible la même 365 jours par an.

ILS profitent de votre sensibilité de maître pour vous

abuser. Avec les « snacks », par exemple, ces substituts industriels qui remplacent le morceau de sucre ou le biscuit maison, comme les barres chocolatées et autres confiseries frelatées supplantent la tartine de confiture. Les résultats dépassent leurs espérances. Pedigree joint l'utile à l'agréable avec *Denta Rask*, « *une friandise de forme et de texture conçues pour prévenir la formation du tartre, qui est à l'origine de la mauvaise haleine* [sic] » : 12 euros le kilo ! N'avez-vous pas sincèrement l'impression qu'ILS se moquent de vous ?

Ici, le chien ! Remercie Fido. Grâce à *Picnic* au bœuf ou au poulet, tu peux déjeuner sur l'herbe avec ton maître et ta maîtresse ; la facture est plus élevée : 14 euros le kilo. Tant de grotesque ! Honte à vous, CONSommateurs.

Le résultat de ces absurdités, c'est que, à l'image de leurs propriétaires, les animaux de compagnie font du gras. Une étude, réalisée en 1997 par un fabricant américain de *pet food*, conclut que la moitié des chiens et des chats français sont trop gros, avec pour corollaires l'obésité, l'hypertension artérielle et des maladies rénales. « *Nous sommes passés comme pour l'homme d'une pathologie des carences à une pathologie des excès chez l'animal de compagnie* », explique Bernard Paragon, professeur de nutrition à l'École vétérinaire de Maisons-Alfort.

L'art du « marketing » n'est-il pas de savoir rebondir ? À tout problème, une solution : les fabricants d'aliments se sont hâtés de lancer à l'intention des animaux des lignes de produits allégés, des gammes « régime minceur », tout aussi inefficaces que les panacées censées faire maigrir leurs maîtres. Ces rations *light*, saturées d'eau, provoquent certes un sentiment de satiété chez l'animal qui, très vite, perd quelques kilos... mais les reprend dès qu'il mange « normalement ».

CONSommateurs, révoltons-nous !

Le « marketing » est sournois, plus spécialement quand il prétend jouer la carte de la qualité. En période de crise, il faut à tout prix rassurer le client, les manœuvres d'approche se font de plus en plus insistantes. Quoi de plus sécurisant que le visage souriant d'un chef étoilé sur l'emballage d'un plat cuisiné ! Depuis une dizaine d'années, quelques stars du Guide rouge croisent le fer dans les linéaires de la grande distribution. Blanc, Bocuse, Guérard, Lenôtre, Loiseau, Rebuchon, Senderens, Troisgros... rivalisent d'ingéniosité pour vendre qui un « *blanc de cabillaud et riz basmati au pavot* », qui un « *pavé de sandre et royale de poireaux* » ou une « *jambonnette de poulet rôtie aux choux* », à moins que ce soit un « *navarin de Saint-Jacques* » ou un « *carré d'agneau aux mogettes de Vendée* ». Une arnaque, une parmi tant d'autres.

Ces **très** « **chers** » **cuisiniers** affirment s'investir personnellement dans l'élaboration des recettes, la préparation des plats. Pourquoi pas ? Nous nous permettons d'émettre quelques doutes : si on pouvait conditionner la cuisine « trois étoiles » dans des barquettes sous vide, nous le saurions et vous aussi. Au hasard et pour information, voici la liste des ingrédients entrant dans la composition de la blanquette de veau à la crème : « *Viande de veau (stabilisant) – Eau – Crème fraîche – Champignons – Oignons grelots – Lait écrémé en poudre – Fond de volaille aromatisé (œuf) – Farine de blé – Épaississant – Sel – Arômes – Jus de citron – Riz blanc cuit – Échalote – Beurre.* » Nos « chers » étoilés ne sont, apparemment, pas très exigeants quant à l'origine des matières premières. Une faute professionnelle, encore moins excusable chez eux que chez d'autres.

Énième forme de mystification, celle qui joue avec l'origine et la qualité du produit. Ainsi dans le petit monde des **coquilles Saint-Jacques**, les tromperies sont

Marketing

légion. Mieux vaut ne pas perdre votre latin : *Pecten maximus, Placopecten magellanicus, Aequipecten irradians, Chlamys islandicus, Zygochlamys patagonica...* sont les noms scientifiques des différentes espèces – 300 – de pectinidés, tels qu'ils doivent figurer sur les étiquettes. Trop simple, surtout trop risqué d'employer le français, vous pourriez déceler les menteries, les artifices, les leurres...

Jusqu'en 1996, seules les *Pecten maximus,* pêchées sur les côtes bretonnes et normandes, avaient droit à l'appellation « noix de Saint-Jacques ». Presque toutes les autres espèces récoltées dans le monde étaient vendues sous le nom de pétoncles. Les grands pays exportateurs – Canada, États-Unis, Chili, Nouvelle-Zélande – n'avaient qu'un objectif : pénétrer le marché français, l'un des plus substantiels du monde, avec une consommation annuelle de 80 000 tonnes. Un inconvénient toutefois et un frein à ces ambitions : les Français préféraient la coquille Saint-Jacques au pétoncle. L'affaire aurait pu s'arrêter là, c'était compter sans les lobbies. Les Canadiens principalement et l'Organisation mondiale du commerce n'ont eu aucun mal à convaincre la Commission européenne, indifférente au sort des pêcheurs bretons et normands, de changer la réglementation. Désormais, toutes les espèces de pectinidés, y compris les pétoncles, sont vendues avec l'étiquette « noix de Saint-Jacques ». Étant donné que nous importons chaque année 65 000 tonnes de noix de Saint-Jacques, nous mangeons du pétoncle sans le savoir, ou presque, seuls la désignation scientifique de l'espèce et le pays d'origine devant obligatoirement être mentionnés sur l'étiquette. Vous pouvez enquêter, CONSommateurs, mais munissez-vous d'une loupe.

Les pêcheurs français sont – on les comprend – furieux de cette concurrence déloyale. Légitimement, ils espéraient que nos « chers » chefs étoilés seraient les premiers à les soutenir dans leur combat. Déception !

CONSommateurs, révoltons-nous !

Tous les plats cuisinés à base de noix de Saint-Jacques vendus par la grande distribution sont, à une ou deux exceptions près, élaborés à partir de pétoncles d'importation : *Pecten novaezelandiae* de Nouvelle-Zélande pour la « *nage de Saint-Jacques* » d'Alain Senderens, *Argo pecten purpuratus* du Chili pour les « *noix de Saint-Jacques pochées au Noilly sur lit de poireaux* » de Paul Bocuse. Peut-on encore défendre la gastronomie française quand on n'a pas le courage de balayer devant sa porte ?

Le « marketing » se commet parfois avec le terroir. Cette union contre nature inspire rarement le respect. Parmi les victimes : **le sel**.

Ne désespérez pas, amis, un jour prochain vous mangerez du pain, du beurre ou une terrine de campagne assaisonnés au sel de l'Himalaya ! Depuis quelques semaines, les promoteurs de ce sel exotique mènent une offensive « marketing » en France. Rien de modeste dans la démarche : « *Ce sel, récolté dans les contreforts de l'Himalaya, doit sa pureté inégalable à la virginité du lieu de sa récolte. Contrairement aux sels marins pollués par les pesticides et les hydrocarbures, l'himalayen est 100 % pur et non traité.* » Paludiers de Guérande, de Ré ou de Noirmoutier, appréciez ; vous allez bientôt récolter ce que vous avez semé.

Depuis dix ans, dans les épiceries fines, la grande distribution également, le prix des sels de terroir est devenu exorbitant. Inadmissible de devoir débourser entre 20 et 30 euros pour un kilo de fleur de sel ! La gabelle serait-elle de retour ? Cette inflation sans commune mesure avec la réalité de la production résulte d'une mécanique « marketing » enclenchée au début des années 1990.

Jusque-là, paludiers et sauniers français luttaient pour leur survie. L'exploitation industrielle des mines de sel et les ressources marines condamnaient à brève

Marketing

échéance les marais salants de l'arc Atlantique – de Guérande à Bayonne, en passant par Ré et Noirmoutier –, où la tradition de la récolte à la main existe depuis des siècles. L'offre frôlait la surproduction plus que la pénurie, les prix étaient inévitablement orientés à la baisse.

Les derniers paludiers de Guérande remuèrent alors ciel et terre pour sortir la tête de l'eau, décrochèrent un label Rouge et se regroupèrent en coopératives. Quelques « chers » grands chefs se laissèrent convaincre que le sel de Guérande était le meilleur du monde ; les étoilés du Guide rouge ne jurèrent plus que par la douceur et le parfum de violette de la fleur de sel de la presqu'île de Guérande. C'était parti ! À l'heure de la vache folle, du poulet à la Dioxine et des saumons nourris aux antibiotiques, la tradition et le terroir redevenaient des valeurs sûres. Pour vous, le sel est un ingrédient de base, à l'égal du sucre ou de la farine, sans origine ni terroir défini, mais Guérande... ça vous rappelait les vacances, les balades à vélo, les embruns iodés... Il n'en fallait pas davantage, l'engouement fut immédiat, la grande distribution emboîta le pas, ainsi que les industriels de l'agro-alimentaire, attentifs à ne surtout pas rater le train. Le sel de Guérande faisait vendre, il fut immanquablement de toutes les recettes, pain, pâté, beurre, saucisson, foie gras, plats cuisinés, voire margarine... Bénéfices assurés !

C'est ainsi que Guérande, sans publicité ni emballage racoleur, conquit le marché – 40 % en 1997, 69 % en 2002[1] – des sels de terroir ; sa popularité grimpa en flèche. Partis avec une longueur de retard, Ré et Noirmoutier durent faire des efforts considérables pour bénéficier d'une petite part du gâteau de sel. Ils appelèrent en renfort les agences de communication, de

---

1. Sophie Lécluse « Sels de terroir, s'imposer face à Guérande », *LSA*, 13 novembre 2003.

CONSommateurs, révoltons-nous !

« marketing » bien sûr, qui s'empressèrent d'utiliser le contexte des îles – salières en forme de phare, de cabine de plage... – pour les besoins du « packaging ». Rien n'était trop original pour retenir votre attention, CONSommateurs, et vous faire acheter du sel de terroir. Sur la Méditerranée, la Société des salins, propriétaire d'une partie du territoire de Guérande, déclencha la riposte avec sa « fleur de sel de Camargue ». Plus récemment, Bayonne attaqua le marché des sels de terroir avec la pelote basque pour étendard.

La guerre du sel bat son plein. Les sels de la Réunion et de Madagascar attendent le moment propice, un jour ils inonderont eux aussi le marché. Le filon du terroir, de la « naturalité », finira par se tarir ; qu'à cela ne tienne, les « marketeurs » rebondiront, leurs ressources novatrices sont inépuisables. N'ont-ils pas imaginé pour le sel de Bayonne le « *premier paquet d'un kilo qui tient debout et se referme grâce à une languette adhésive* » ? ILS entendent présentement développer l'aspect pratique des produits. Quand je vous dis que le « marketing »...

Le sel n'est que du chlorure de sodium, dont la formule chimique se résume à NaCl. Par ailleurs, si tout le sel contenu dans la mer cristallisait en surface, il formerait une couche de 37 mètres d'épaisseur. Il est donc salutaire de battre en brèche quelques idées reçues, infligées par la dictature du « marketing ». Complètement pur, le sel est naturellement blanc et translucide ; grisâtre, il contient des impuretés. Dans les marais salants de l'Atlantique, c'est souvent le cas, car la couche de sel est épaisse et lorsque le paludier la racle, un peu d'argile ou de vase se mélange à la récolte. Ces impuretés et éléments insolubles ont été habilement rebaptisés, dans les prospectus commerciaux, oligo-éléments et éléments minéraux naturels ; vraisemblablement une idée de « marketeurs », vendeurs d'illusions. Or, au regard de la réglementation, c'est le taux

Marketing

d'impureté qui détermine la qualité alimentaire du sel, celle-ci étant définie au niveau international par la norme du *Codex alimentarius*[1] STAN 150 et, en France, par l'arrêté du 28 mai 1997. Pour adhérer à la charte de qualité, il faut garantir un taux maximum d'impureté de 3 %, soit une teneur en chlorure de sodium de 97 %. Les paludiers de Guérande ont dû renoncer ; leur sel, pour être débarrassé de la majeure partie de ses impuretés, devrait être lavé, ils s'y refusent. Crime de lèse-tradition. Pour eux, « *Plus que du simple chlorure de sodium, le sel de Guérande contient toutes les richesses naturelles de la mer.* [...] *Autant de bienfaits préservés, car le sel de Guérande est un produit 100 % naturel, c'est-à-dire non raffiné, non lavé et sans additif*[2]. »

Sels de Guérande, Ré, Noirmoutier, Camargue... Ont-ils des goûts, des parfums différents ? Tant que les chimistes n'auront pas démontré que la nature des atomes de sodium et de chlore, celle des protons et des neutrons qui les composent varient avec le lieu ou le climat, le sel restera un élément strictement minéral dont le parfum et le goût sont identiques quel que soit son lieu de récolte. Seules les impuretés, quand il en contient, peuvent modifier sa saveur salée. Le parfum de violette des sels de Guérande, Ré ou Noirmoutier est dû à une algue microscopique qui se développe dans les marais salants. Un parfum de violette qui s'évanouit d'ailleurs quelques heures après la récolte, mais perdure dans l'imaginaire des « marketeurs » chargés d'entretenir la flamme.

La fleur de sel n'est pas en reste pour véhiculer son lot de sottises. On récolte depuis la nuit des temps – Pline l'Ancien vante ses mérites –, dans tous les marais

---

1. Créé en 1963 par la FAO, Food and Agriculture Organisation, et l'OMS, Organisation mondiale de la santé, afin d'élaborer des normes alimentaires visant à protéger la santé des consommateurs et promouvoir des pratiques loyales dans le commerce des aliments.
2. Extrait du site internet www.seldeguerande.com.

salants du monde, ces premiers cristaux de sel qui se forment à la surface des tables salantes. Parce qu'elle conserve une légère humidité, la fleur de sel est un peu plus fondante qu'un sel classique. Est-ce une raison suffisante pour la vendre 30 à 40 fois plus cher qu'un sel de cuisine ordinaire ?

Dernière anecdote pour vous rassurer, CONSommateurs, la bêtise « marketing » nous réserve encore bien des surprises. En 2000, la coopérative laitière Eurial Poitouraine, gros producteur de beurre AOC Poitou-Charentes, a lancé « *Grand Fermage, spécial tartine, au sel de Noirmoutier* », un beurre traditionnel à première vue. Sauf qu'il s'agit d'une imitation de beurre, une MGM, matière grasse mélangée en patois agro-alimentaire, savant dosage de beurre concentré, poudre de babeurre, huile végétale, colorants, conservateurs, arômes et émulsifiants qui lient l'ensemble avec beaucoup d'eau. Le but de l'opération ? Vendre sous une marque véhiculant des images de terroir, de goût et d'authenticité, une obscénité « marketing » à base de beurre et d'ersatz de beurre, agrémentée de sel de Noirmoutier. La coopérative avait cru mettre quelques atouts dans son jeu, négligeant le sel de l'île de Ré, lui préférant, parce que mieux coté à l'argus « marketing », celui de sa voisine vendéenne Noirmoutier. Dieu soit loué ! Vous n'êtes pas tombés dans le panneau. Le produit a dû être retiré de la vente.

Parviendrez-vous à éviter celui de **l'agriculture raisonnée** ? Ce nouveau concept permet aux agriculteurs une entrée en fanfare sur la scène du « marketing ». Diables de paysans ! Qu'est-ce qu'ILS apprennent vite et bien ! Après le CCP, certificat de conformité produit, le label Rouge, l'IGP, indication géographique protégée, l'AOP, appellation d'origine protégée, préparez-vous, CONSommateurs, à la déferlante des « produits issus

Marketing

de l'agriculture raisonnée ». Agriculture raisonnée...
J'espère que ça vous fait rire. Doit-on en déduire que si
elle est aujourd'hui raisonnée, elle ne l'était pas
naguère ?

Le Petit Robert est formel : « *raisonné* » signifie « *qui
obéit aux règles du raisonnement* ». Il est donc permis d'affirmer
qu'agriculteurs, syndicats, fournisseurs d'engrais,
marchands de pesticides, coopératives, industries
agro-alimentaires, recherche publique et même État
français n'ont jamais péché, depuis cinquante ans, par
manque de raisonnement, bien au contraire. Le raisonnement
avait des raisons que précisément la raison
ignorait. Vous avez entendu parler de la vache folle,
vous avez par inadvertance acheté des tomates aussi
goûteuses que du coton hydrophile, de la viande de
veau apparentée au papier mâché, autant de conséquences
dans votre assiette du « raisonnement » qui a
prévalu dans l'agriculture française depuis un demi-siècle,
c'est-à-dire le productivisme. Eh bien, les promoteurs
persistent et signent, ne reculent pas devant les
grandes phrases creuses : « *L'agriculture raisonnée correspond
à des démarches globales de gestion d'exploitation qui
visent, au-delà du respect de la réglementation, à renforcer les
impacts positifs des pratiques agricoles sur l'environnement et
à en réduire les effets négatifs, sans remettre en cause la rentabilité
économique des exploitations. Les modes de production
raisonnée en agriculture consistent en la mise en œuvre de
moyens techniques dans une approche globale de l'exploitation.
Au-delà des impératifs de la sécurité alimentaire des produits
agricoles, qui s'imposent à toutes les productions, les modes de
production raisonnée peuvent faciliter la maîtrise des risques
sanitaires et contribuer à l'amélioration du bien-être animal.
Ils permettent également de contribuer à l'amélioration des
conditions de travail.* » Pas convaincante la logorrhée !
Pas de quoi restaurer la confiance.

« Agriculture raisonnée »... Est-ce à dire que l'agriculteur
s'engage à respecter davantage l'environne-

CONSommateurs, révoltons-nous !

ment, sans que son revenu en pâtisse, à garantir notre sécurité alimentaire et accessoirement le bien-être des animaux ? Que de bouleversements à venir dans les futures fermes labellisées « agriculture raisonnée » ! Prenez-vous conscience de l'ampleur du phénomène ? Pour en mesurer toute la portée, nous vous recommandons de lire attentivement – à tête reposée de préférence – les quatre-vingt-dix-huit propositions sur lesquelles s'engagent nos nouveaux agriculteurs. Pour vous mettre en appétit, nous ne résistons pas à vous livrer quelques extraits choisis :

« – *Être abonné à au moins un journal d'information technique agricole ou à un service de conseil technique.*

« – *Disposer d'un plan de l'exploitation à une échelle permettant de localiser les bâtiments, les parcelles et les différents éléments de la géographie et de l'environnement, en particulier les zones sensibles pour la qualité de l'eau. Pour les exploitations où des effluents d'élevages ou de boues résiduaires urbaines ou industrielles sont épandus, les surfaces non épandables figureront sur ce plan.*

« – *Disposer d'un stockage d'engrais minéraux solides sur une aire stabilisée, couverte, séparée de manière à éviter toute contamination des produits agricoles destinés à l'alimentation humaine et animale et à l'écart de dépôts de matières explosives, inflammables et combustibles.*

« – *Connaître les valeurs fertilisantes des engrais, des effluents d'élevages et des boues industrielles et urbaines utilisés.*

« – *Ne pas utiliser d'additifs antibiotiques dans l'alimentation des animaux en tant que facteurs de croissance.* » Article 67, la cerise sur le gâteau !

C'en est assez ! LES CONSommateurs sont saturés de pareilles balivernes ! Sur les quatre-vingt-dix-huit engagements, quarante-trois sont de simples rappels à la réglementation. L'entreprise de communication, orchestrée par la coterie politico-agricole, n'a aucunement l'intention de briser le cercle vicieux de l'agriculture productiviste. L'agriculture dite « raisonnée » continuera à engraisser industriellement du jeune bovin, préférera l'ensilage de maïs à l'herbe, complétera la ration des vaches, porcs et brebis avec du soja transgénique d'importation, poursuivra la « holsteinisation » des troupeaux et élèvera les poulets dans des univers concentrationnaires. Mme Lambert, présidente de cette mascarade, ancienne responsable du Syndicat national des jeunes agriculteurs, n'a même pas la pudeur de s'en cacher : « *L'agriculture raisonnée a vocation à être productive, c'est-à-dire à permettre de répondre aux besoins de la société tout entière. Mais elle n'est pas productiviste, car elle prend en compte, en amont des objectifs de production, d'autres facteurs comme l'environnement, la qualité, l'emploi... Par définition, l'agriculture raisonnée tient compte des conditions de sol, de climat, d'environnement économique et social... Elle n'oppose pas agriculture intensive et extensive qui sont complémentaires sur la plus grande partie du territoire. Selon les régions et les situations, elle pourra donc être intensive ou extensive, et parfois les deux sur une même exploitation, en fonction des productions et des caractéristiques des sols (potentiel agronomique, pente, situation par rapport aux cours d'eau...)*[1]. »

Comment pourrait-il en être autrement puisque le FARRE, Forum de l'agriculture raisonnée respectueuse de l'environnement, est financé à 49,9 % par l'UIPP, Union des industries de la protection des plantes ? Les cordons de la bourse sont donc tenus par le puissant syndicat des marchands de pesticides, et parmi les membres très actifs de son comité figurent en bonne position la FNSEA – ce syndicat gère la politique agricole depuis quarante ans –, quelques groupes agro-alimentaires influents, une poignée d'enseignes de la grande distribution, des marchands d'engrais, des

---

1. Extrait du site internet de l'organisation : www.farre.org

CONSommateurs, révoltons-nous !

coopératives... tous rescapés de première classe du *Titanic* agricole.

« Agriculture raisonnée »... Encore un subterfuge que l'industrie et la grande distribution vont exploiter à des fins mercantiles ! Sans se priver de nous berner bien évidemment.

Je vous en supplie, CONSommateurs, ne vous laissez plus faire !

Table

Avant-propos 7

Fruits et légumes 11
Veau 44
Poissons 59
Cochon 76
Fromages 88
Agneau 108
Œufs 128
Bœuf 143
Marketing 178

Cet ouvrage a été composé par
Nord Compo (59650 Villeneuve-d'Ascq)
et imprimé sur presse Cameron
par **Bussière Camedan Imprimeries**
à Saint-Amand-Montrond (Cher)
pour le compte des éditions Plon

Achevé d'imprimer en mars 2004

N° d'édition : 13746. — N° d'impression : 041066/1.
Dépôt légal : mars 2004.

Imprimé en France